EIN BESONDERER MENSCH • Erinnerungen an Hermann Hakel

*Für Hansl
zum Geburtstag
30.3.92
Gerhard*

Herausgeber und Verleger: Hermann Hakel Gesellschaft
c/o E. Kolovic, A-1200 Wien, Traisengasse 17/28

Vereinsbehördliche Genehmigung durch die Sicherheitsdirektion Wien vom
6. April 1988, Zl. I-SD/299-BVP/88.

„Die Gesellschaft, deren Tätigkeit nicht auf Gewinn gerichtet ist, bezweckt die Erforschung, Pflege und Verbreitung des literarischen Werkes von Hermann Hakel sowie die Erweiterung der Kenntnisse über seine Person und Stellung in der Literatur und Gesellschaft. Vereinseigene Unternehmung ist unter anderen auch der Buchverlag LYNKEUS, dessen Aufgabe es ist, die nachgelassenen Schriften von Hermann Hakel und die von ihm angeregten Buchprojekte zu publizieren."

Redaktion: Gerhard Amanshauser, Emmerich Kolovic, Richard Kovacevic

Graphische Gestaltung: Ilse Kovacevic

Herstellungsleitung: Friedrich Pintar

Druck: Peter Schindler Ges.m.b.H., Buch- und Offsetdruck
A-3950 Gmünd II, Conrathstraße 35a, Tel. (02852) 24 95

Alle Rechte, insbesondere das des vorzugsweisen Abdrucks und das der photomechanischen Wiedergabe vorbehalten.

UKS Mit finanzieller Unterstützung der Drucklegung durch das Bundesministerium für Unterricht, Kunst und Sport.

© bei den Autoren und Fotografen

Wien, im Dezember 1988

ISBN 3-900-924-00-7

„Ich bin als Schriftsteller kein großes Talent, ja nicht einmal ein mittelmäßiges, aber ich bin ein besonderer Mensch."

Foto: Helmut Klein

Ein besonderer Mensch

Erinnerungen an Hermann Hakel

LYNKEUS VERLAG

VORWORT

Die vorliegende Sammlung setzt sich aus Beiträgen von zwei Dutzend Zeitgenossen unterschiedlichen Alters, Standes, Berufes und Wohnortes des vor einem Jahr verstorbenen Schriftstellers Hermann Hakel zusammen. Sie wird ergänzt durch eine autobiographische Skizze, eine ausführliche biographische und bibliographische Zeittafel, durch Fotos aus verschiedenen Lebensperioden sowie Abbildungen der Originale von Briefen und Karten bekannter Schriftstellerkollegen.

Diese Wahrnehmungen, Beobachtungen und Meinungen zu Hakels vielschichtiger Persönlichkeit führen keineswegs zu einer Verklärung, sondern setzen sich kritisch mit ihm auseinander. Größtenteils sind es Erinnerungen, die nach seinem Tode, aber auch Aufzeichnungen, Briefe und Rezensionen, die zu seinen Lebzeiten geschrieben wurden. Sie alle tragen dazu bei, das menschliche und literarische Schicksal des Verstorbenen zu dokumentieren.

Beiträge und Fotos wurden ihrem Inhalt nach chronologisch gereiht. Aus den Kriegs- und Internierungsjahren zwischen 1940 und 1944 war leider kein Material vorhanden. Man hätte auf Tagebuchaufzeichnungen Hakels zurückgreifen können, doch sollte in diesem Buch das Autobiographische zugunsten von Berichten der Freunde, Schüler und Bekannten zurückgestellt werden.

Hermann Hakel war vor allem in den Nachkriegsjahrzehnten ein Begriff im österreichischen Literaturleben. Seine Wirkung ging weniger von seinen Schriften aus, die nur zum geringsten Teil publiziert wurden und bald vergriffen waren, sondern vielmehr von seinem eminenten Intellekt, seiner Präsenz als Gesprächspartner, Geschichtenerzähler, Lehrer und Improvisator, aber auch von seiner menschlichen Originalität. Die Faszination dieser Präsenz freilich kann aus einem Buch wie diesem nur indirekt erschlossen werden.

Viele, die zu Hermann Hakel etwas sagen könnten, waren nicht erreichbar, andere kamen der Einladung, sich zu äußern, nicht nach oder zogen es vor, zu schweigen. Doch selbst wenn man verschiedene Zeugnisse und Details diesem Buch hinzufügte, würde sich das Gesamtbild, wie es sich hier ergibt, daß nämlich Hermann Hakel wirklich ein besonderer Mensch war, wohl kaum ändern.

Wien, im Dezember 1988   Hermann Hakel Gesellschaft

HERMANN HAKEL

Biographie und Bibliographie siehe Zeittafel Seite 206.

Ich wurde im August des Jahres 5671 jüdischer und 1911 christlicher Zeitrechnung geboren. Ich bin Jude und unter Christen aufgewachsen; und zwar im römisch-katholischen Wien. Meine Kindheit fällt mit dem sogenannten Ersten Weltkrieg zusammen und ist eng mit der Erinnerung an diesen verknüpft. Ich war gerade drei Jahre alt, als mein Vater, ein schlichter Malermeister, als einfacher Soldat zu den Waffen gerufen wurde. Ich erinnere mich deshalb so genau, weil ich gleichzeitig krank wurde: ich bekam Gelenksentzündung und mußte operiert werden. Wir wohnten damals in einem Hinterhaus in einer Zimmer-Küche-Kabinett-Wohnung und meine Mutter war gerade im siebenten Monat schwanger. Während mein Vater irgendwo an der Front war, wurde mein jüngerer Bruder geboren, bekam bald darauf Diphtherie und ich, durch ihn angesteckt, erblindete fast für ein Jahr. Das war 1915. Von allen befragten Ärzten aufgegeben, fand sich schließlich einer, der mir durch eine gefährliche Operation das rechte Auge rettete. Das erste Licht, das ich wieder sah, kam von den brennenden Kerzen des Christbaumes, der für uns blinde und halbblinde Kinder im Kinderspital aufgestellt worden war. Er leuchtete mir unvergeßlich. Aber schon im Sommer 1916, in ein jüdisches Kinderheim gebracht, stürzte ich so unglücklich, daß die alte Gelenksentzündung rezidiv wurde und ich drei Jahre lang von einer Operation zur anderen hinsiechte. Es war die gleiche Zeit, in der Millionen Männer gleichfalls von einer Operation zur anderen verbluteten und zu Krüppeln geschossen wurden. Damals wurde auch mein Vater am Isonzo schwer verwundet und gefangen. Sein älterer Bruder David ist für Kaiser und Vaterland, wie es damals hieß, gefallen.

Als mein Vater 1919 heimkehrte und mich im Klosterspital, in dem ich Aufnahme gefunden hatte, besuchen kam, erkannte er mich nicht mehr. Ich ging damals auf zwei Krücken. Mein Vater hat mir damals ein himmelblaues Buch mitgebracht. Es hieß: Deutsche Dichter. Darin hab ich mühselig buchstabieren und viele Dichter kennen gelernt. Sie wurden meine Lehrer.

Das Jahr darauf war ich soweit hergestellt, daß ich mit zwei Stöcken in Wien zur Volksschule humpeln konnte. Dort blieb ich zwei Jahre und kam 1922 in die Deutsche Mittelschule. Österreich war eine Republik geworden und in diesem Sinne wurde ich unterrichtet.

Damals war es, daß wir im selben Haus, ein Stockwerk tiefer, eine größere Wohnung bezogen, in der auch meine alte Großmutter ein kleines Zimmer bekam. Ich erwähne das deshalb, weil ich von ihr, die nicht lesen und schreiben konnte, das zweite Buch — ich weiß nicht wieso sie dazu gekommen ist — erhielt, das mich auf allen Wanderungen, durch alle Länder, Städte und Gefängnisse begleitet hat. Es ist ein dickes, über tausend Seiten starkes Buch und heißt: Altes und Neues Testament, übersetzt von Martin Luther. Ich war ein sehr schlechter Schüler und wurde Hupferl gerufen, weil ich hinkte. In der vierten Klasse bin ich in Chemie durchgefallen. Ich wollte nichts lernen und ging Monate lang statt zur Schule im Winter in Museen und Bibliotheken, im Frühling in die Prateraüen und an die Donau.

Zum Zeichen meiner Zugehörigkeit zum Judentum wurde ich mit 13 Bar-Mizwa. Zur Thora gerufen sang ich vor der versammelten Gemeinde und meinen Verwandten den Segensspruch und las ein Kapitel aus dem Propheten Amos. Den Thales und die Tefillin, die ich damals erhielt, hab ich nie angelegt und hab auch sonst vom Judentum bei uns zu Hause nichts bemerkt, außer daß meine Großmutter jeden Sabbat Kerzen anzündete und für ihre Kinder betete. Das Schönste an dieser Bar-Mizwa waren die Bücher-Geschenke, die ich erhielt: es waren alle deutschen Klassiker, Theodor Körner sogar zweimal, weil er billig zu haben war, und noch viele andere Bücher, an die ich mich noch ganz genau erinnern kann; sie wurden im Jahre 1939 mit allem andern Besitz geraubt.

Ich war noch nicht 15 Jahre alt, als mich unser damals 16jähriges Dienstmädchen Luise die Liebe lehrte und es war zwei Jahre später, daß ich mich in den Sommerferien das erste Mal verliebte. Sie war 13 Jahre alt und es vergingen fast vier Jahre, bis ich sie das erste Mal küssen durfte. In diesen vier Jahren hab ich alle möglichen Schulen besucht und habe alle wieder nach einigen Monaten gegen den Willen meiner braven Eltern verlassen. Alle Mahnungen und Strafen halfen nichts: ich war dem Vagabundieren und Nichtstun verfallen, wie mein Vater mich nannte: ein Taugenichts, ein Zigeuner, der von allen anständigen Vettern verachtet wurde.

Alles vorher Berichtete, so dürftig es auch gesagt ist, mag doch zeigen, daß es eines Tages zu einem Konflikt, zu einer Katastrophe kommen mußte: wenn ich noch genug Einsicht in meine Situation aufzubringen imstande war, wenn ich noch imstande war, die an mich gestellten Forderungen zu hören und zu begreifen... Gott sei gedankt, daß es der Fall war und ich nicht darauf bestand: unbedingt allein Recht zu haben. Nur dieser Zwiespalt brachte es dahin, daß ich meinen Zustand auch mit den Augen der andern ansah und mich und ihn verurteilen mußte. Die Frage war nur: wer recht hatte? Auf meiner Seite stand der Egoismus, stand nur mein nacktes Selbst, das sich aber gegen die gestellten Anforderungen nicht mehr behaupten konnte. Diese mochten gelten für wen immer, aber doch nicht für ein so exemplarisches Wesen wie mich! Sie verfolgten mich mit ihren Vorwürfen, denen ich nichts entgegenzusetzen hatte — als mein Ich, das ihnen so, wie es war, als völlig wertlos erschien. Was blieb also übrig, als es, gleichgültig ob zu gut oder zu schlecht für diese Welt, aus ihr verschwinden zu lassen. Und dazu entschloß ich mich an einem nebligen Novembertag, den Donaukanal entlang gehend, ja ich entschloß mich, ins Wasser zu gehen, um endlich Ruhe zu haben, Ruhe von den Forderungen der Welt und der Eltern, Ruhe von meinen eigenen Phantasien, an deren Wirklichkeit ich zuweilen doch zweifelte und einsah, daß sie vielleicht Lügen und Ausflüchte waren, einfach Unfähigkeit zu leben.

Da saß ich also beim Donaukanal und überdachte alle meine Lügen und Schwächen und schämte mich, mit meinem Leben nichts anderes angefangen zu haben, als ein Lügner und Taugenichts zu werden. Ich weiß nicht, wie lang ich dort gesessen bin und immer auf das Wasser geschaut habe, ja immer noch eine Stufe tiefer gegangen war, um endlich den letzten Schritt zu tun. Ich weiß nur, daß ich mich nach einiger Zeit erhob und zwar nicht, wie ich hoffte, aus Feigheit, sondern den Vollzug verschiebend, den Vorsatz faßte: bevor ich so ruhmlos endete, noch einmal alles durchzudenken und mit den Lügen, die mir bis an den Mund reichten und in denen ich eigentlich schon halbtot dahintrieb, Schluß zu machen, wenigstens noch herauszukommen aus dem Wirrsal, in das sie mich gebracht hatten.

Damit kehrte ich heim und begann, irgendetwas in mir zu suchen, dem ich keinen Namen geben konnte. Es war wie ein Schlaf, der auf mich gefallen war, mit dem ich zwar herumging und weitertat, aber innerlich hatte ich mich von allem abgewandt und suchte, suchte, ohne zu wissen, was...

Wenige Wochen später, es war bei einem Symphoniekonzert: die Pauken donnerten und die Posaunen bliesen, — erwachte ich plötzlich aus meiner Versunkenheit und sah, mitten im vollen Saal sitzend, — nichts als Blut, Ströme Blutes stürzten herab und ich, mitten darinnen, einem Abgrund zustürzend, schrie auf einmal und war nichts als ein Schrei, der „Mutter" schrie. Ich hatte noch gar nicht begriffen, was da mit mir geschah und was danach aus mir herauswollte, aber was da aufbrach, aus mir herausdrängte, und weil ich noch so viel Kontrolle über mich hatte, daß ich doch nicht inmitten der Symphonie und der Menschen das herausschreien konnte, was ich da sah und zu schreien hatte, ergriff ich ein Blatt Papier, vielleicht das Programmheft, und schrieb mit dem mir plötzlich in die Hand gekommenen Stift in rasender Hast, was ich da sah und hörte.

Das Blatt ist verloren. Ich hab es lange wo verborgen gehalten und nie abgeschrieben, ja auch nicht nachgelesen. Und nach diesem „Erlebnis" schwieg es auch wieder und war alles wie nicht gewesen — bis ich eines Morgens aus einem Schlaftraum erwachte. Es war der 19. Januar 1931...

Ich stand in einer Reihe von Menschen, die nach einer Revolution zum Erschießen aufgestellt waren, so einer neben dem anderen. Auf der gegenüberliegenden Seite des Platzes war ein Maschinengewehr postiert. Ringsum war die Stadt. Man erschoß uns jeden einzeln. Immer fiel einer hin. Dann der nächste und der nächste. Ich war der letzte. Ich konnte gar nicht glauben, daß Leute zuschauten, was da mit uns geschah. Irgendetwas mußte da passieren, bevor es mich erwischte. Plötzlich spürte ich, daß es mich in die Brust traf. Ich stürzte hin und schrie: „Bin ich auch tot?". Mit diesem Ruf wachte ich auf — und seitdem leb ich...

EMMERICH KOLOVIC

Geboren 1933 in Wien.
Justizbeamter.
Rechtsnachfolger und Verwalter des Nachlasses von H. Hakel.
Lebt in Wien.

Wenige Tage vor seinem Tod erzählte mir Hermann Hakel ganz beiläufig, er habe geträumt, seine (1978 verstorbene) Mutter habe ihn angerufen und gefragt, wann er denn endlich nach Hause käme. Er träumte sehr oft von seiner Mutter und anderen Toten und freute sich jedesmal, ihnen auf diese Weise zu begegnen. Das Reich der Träume war für Hakel eine lebendige Welt, in der er sich geborgen, eben wie zu Hause fühlte, in der er unbewußt alles geschehen ließ, was er sich erhoffte: die Entwicklung eines selbständig wachsenden mythischen Traumbildes.

Ich erinnere mich noch an jenen eigenartigen Traum, den er 1985 erzählte: Auf der Suche nach einer Straßenbahnstation gelangt er in sein Wohnhaus (Novaragasse) und besteigt einen Lift (den es dort nie gegeben hat). Unsicher wie immer, wenn er es mit Mechanismen zu tun hat, wirft er eine Münze ein und drückt den Knopf (einen solchen Lift gibt es in der Babenbergerstraße). Doch der Aufzug fährt nicht in die Höhe, sondern wie eine Straßenbahn geradeaus (horizontal). Da er nicht weiß, wie man das Gefährt zum Stehen bringen kann und es sicher irgendwo anstoßen müßte, findet er sich damit zurecht, auf diese Art zugrundezugehen.

Hakels Ohnmacht vor technischen Einrichtungen ging sogar so weit, daß er, trotz genauer Beschreibung und Bezeichnung (ich versuchte immer, solche Dinge auf die kürzeste Handhabung zu bringen), nicht einmal ein einfaches Aufnahmegerät bedienen konnte. Und gerade als es für ihn schwierig wurde, seine Gedanken zu Papier zu bringen, und er nun Gelegenheit hatte, sie auf Tonbänder zu bannen, versagte seine Geduld, und seine Aversion gegen den Mechanismus machte alle Bemühungen zunichte. Sicher kam auch noch dazu, daß er nicht mit einem „leblosen" Gegenstand sprechen wollte. Seine Erzähllust wurde ja erst vor einem menschlichen Ohr gezeugt und geboren.

Als einen sehr schönen Traum bezeichnete Hakel jenen, wo er in seiner Wohnung (am Eisenstadtplatz) in einer Schublade eine Brille findet, mit der er, als er sie aufsetzt, plötzlich besser sieht als mit der eigenen. Ja, er konnte mit dieser fremden Brille, was ihm noch mit keiner Brille gelungen war, sogar mit seinem blinden Auge lesen. Fest überzeugt, jetzt endlich die ihm passende Brille gefunden zu haben, erwacht er und stellt fest, im Traum jedenfalls besser gesehen und gelesen zu haben, als es ihm je im Leben widerfahren ist.

Sein Gesicht strahlte nach einem solchen Traumerlebnis, es glich dem eines kleinen Jungen, dem gerade ein imposantes Märchen erzählt worden ist. Aus Hakels Traumleben stammen auch jene Produktionen, in denen er „Phantasie" gelten ließ. Sie gaben ihm die letzten Antworten auf Fragen, die er von der realen Welt nicht erhalten konnte. Hakel war der Ansicht, daß die meisten Schriftsteller den Grundstoff ihrer Phantasie für äußere Themen einsetzen und verbrauchen, auch wenn es sich um literarische Kolosse (wie z. B. Tolstoi oder Flaubert) handelt. Die so abgeforderten Kräfte ließen der frei spielenden Phantasie kein Material für den Traum. Von Hakel gibt es daher keine Romane oder längere Prosa. Seine Einfälle lieferten die Reste von Traumerinnerungen, die aber höchstens für einen „kurzen Atem" (Gedicht oder kleine Geschichte) reichten, wie z. B. der „Krüppeltanz" oder die „Schönheit" (beide abgedruckt in den LYNKEUS-Heften). Solche Traumerlebnisse bis zur Niederschrift (meist am nächsten Tage) aufzubewahren, war zwar eine trainierte Methode, aber letztlich doch ein Stück des Phänomens Hakel. Seine Schüler, zu denen auch ich mich zählen darf, haben das auf sein Anraten sehr oft geübt, aber summa summarum nur klägliche Fragmente ihrer Traumerinnerungen umsetzen können.

Ein anderer Traum von ihm (noch vor seiner Emigration) spielt in einem Lager (Gefängnis), wo Hakel versucht, über ein kompliziertes Stangengerüst hochzuklettern, um in seine Zelle zu gelangen. Er stößt dabei an das Dach des Hauses, weiß aber nicht, in welche Richtung er in eine der vielen Rinnen steigen könne. Unten steht der uniformierte Aufseher, abweisend und verächtlich. Hakel bittet unterwürfig und flehend, ihm zu sagen, was er jetzt tun muß, denn er weiß, daß, wenn seine befristete Zeit abläuft, es keine Rettung vor der Bestrafung gibt, die ganz von der jeweiligen Laune der Aufseher abhängig ist: sie können ihn hinunterstoßen, quälen oder totschlagen. Aus ihren Stimmen hört er, welches Vergnügen ihnen seine Schwäche und sein Flehen bereitet.

Solche Situationen assoziieren sofort Kafkas Beschreibungen. „Aber was Kafka noch im Innenraum des Ichs sieht, war Hakel gezwungen, in der Außenwelt anzusehen" (Friedrich Heer). Ernst Jünger räumt Hakel sogar ein, daß er seine Schilderungen, vor allem die Traumgeschichten (viele davon abgedruckt in dem Prosaband „Zwischenstation", erschienen 1949 im Verlag Willy Verkauf), in mancher Hinsicht jenen von Kafka vorziehe, weil die stereoskopische Ergänzung der östlichen durch die westliche Perspektive zu schärferen Umrissen führt. Und Hermann Broch meinte zu Hakels Traumstrukturen, sie stünden unter einem Zwang und empfingen daher von hier aus ihre Unmittelbarkeit. Für Hakel jedenfalls war der Traum das größte Geheimnis, das er sehr bewußt erlebte. Wer oder was die Träume produzierte, blieb Hakel völlig rätselhaft. „Ich bin es nicht", gestand er immer wieder ein, „ich bin nie so gescheit wie mein Traum."

Interviewern vom Rundfunk oder von Zeitschriften erzählte er meist dieselben Träume, so als ob sie seine „Paradeträume" gewesen wären: Vom Fragment eines grünen Mosaiksteines, das ihm ein Geist aus Pompej in die Hand drückte, zum Andenken an die untergegangene Welt. Daraus machte Hakel ein Gedicht für seinen in Argentinien — in der Neuen Welt — lebenden Bruder Arnold (abgedruckt in dem Gedichtband „Hier und dort", erschienen 1955 im Verlag Desch). 1959 kommt Hakel nach Neapel, schaut sich mit einer Reisegruppe die Ausgrabungen von Pompeji an und findet, ohne es beabsichtigt zu haben, abseits in der Nähe einer Restaurierungswerkstatt „seinen" grünen Mosaikstein, stiehlt ihn und schickt ihn seinem Bruder. Zufall oder eine unerklärbare Verbindung von Traum und Wirklichkeit?

Hakel war einer der wenigen „großen" Träumer und der Traum das Rätsel seiner Existenz. Oft visionär, meist absurd, immer mit großer Beteiligung seiner physischen Kräfte, sich selbst Konkurrenz: Dichter gegen Träumer. „So gut wie der Traum kann ich nicht dichten. Er liefert mir alles fix und fertig: Ort, Zeit, Inhalt. Ich brauche ihn nur aufzuschreiben".

1938 lauscht er im Traum einem Gespräch zwischen Maria (der Mutter von Jesus Christus) und Eva (dem ersten biblischen Weib). Maria klagt, sie habe den einzigen Sohn verloren, er sei tot. Eva antwortet, daß auch sie einen Sohn verloren habe, — aber ihre Söhne leben! Für Hakel war dies die kürzeste jüdische Antwort auf das Christliche.

Wie symbolhaft, außerordentlich oder bedeutungsschwer diese Traumbilder auch sind, Hakel konnte auch Lustiges träumen. Gerne erzählte er den Traum, den er in dem von den Engländern besetzten Palästina hatte: Er kommt in den Himmel und fragt nach Jesus. Man weist ihn in ein Zelt, welches über einen Brettersteig zu erreichen war. Mühsam kriechend gelangt er dorthin — aber das Zelt ist leer. Hakel fragt eine nicht irdisch aussehende

Gestalt (Engel), wo denn nur Jesus zu finden sei und bekommt zur Antwort, daß dieser jetzt in der Englischstunde sei.

In Träumen besuchte Hakel auch seinen von ihm lebenslang verehrten Goethe. So auch nach den Judenvernichtungen im Dritten Reich. Er kommt zu Goethe, um ihm über die Naziverbrechen zu erzählen und zu fragen, was er nun von seinen deutschen Landsleuten halte. Aber wie er in sein Zimmer tritt, bringt er kein Wort über die Lippen, sondern geht stumm zu ihm hin, küßt seine Hand und die Sache löst sich auf.

„Nirgends sind Geist, Gefühl oder was den Menschen noch ausmacht, so ineinander verpackt wie in der unfreiwilligen Produktion des Traumes", pflegte Hakel auf neugierige Fragen zu antworten. Auch, daß er manchmal einen ganzen Tag brauchte, um sich wieder zu beruhigen. „Träume können auch Heilprozesse sein, die selbsttätig an einem wirksam sind". Seit Hakel nicht mehr ausgehen konnte, kam er sich ärger als ein gefangenes Tier vor. Seine drei Wege (in die Küche, aufs Klo und zum Telefon) blieben monatelang die einzigen Bewegungsabläufe. Er lebte so, von ihm und seiner Umgebung eingekerkert, dahin (die Frage „Was und wie sonst?" blieb bis heute unbeantwortet). „Zwischen Schmerzen und Verblödung" schrieb er in sein Tagebuch. Und oft erzählte er in diesen Zeiten von Träumen, in denen er irgendwo herumlaufe oder fliege und sich dabei immer wundere, wie gut er trotz seiner Krankheiten noch unterwegs sei. Proben seines Traumlebens und seiner Traumgedichte hat Hakel in seinen LYNKEUS-Heften veröffentlicht, vor allem in den zwei Sondernummern, die zu seinem 70. (August 1981) und 75. (August 1986) Geburtstag herausgegeben wurden. Seine Traumaufzeichnungen allein würden einen ganzen Band füllen. Ein Traum aber wird fehlen, wird ewig verloren sein: Hakels letzter Traum. Als ich in seiner Sterbestunde neben seinem Bett weilte, den Schweiß von seinem Gesicht trocknete, versagte ihm die Stimme. Er versuchte etwas herauszustöhnen, aber die Laute verliefen sich unartikuliert. Auf sein heftiges Einatmen folgte ein leises Hüsteln. Dann wurden die Gesichtszüge entkrampfter, weicher. Jetzt träumt er sicher wieder was, dachte ich, denn er hatte den Kopf leicht nach links geneigt und schien eingeschlafen zu sein. Aber ein Arzt bestätigte später, daß er nie mehr aufwachen wird.

LEO GLUECKSELIG

Geboren 1914 in Wien.
Studium (Architektur).
1938 Emigration in die USA.
Graphiker.
Lebt in New York.

Mein Zusammentreffen mit Hermann Hakel war ursprünglich eine Familienangelegenheit. Er war ein Jugendfreund meines um fünf Jahre älteren Bruders Fritz Glueckselig (Friedrich Bergammer). Da meine Beziehung zu meinem Bruder trotz des Altersunterschiedes sehr eng war, fand ich mich des öfteren schon als Sechzehnjähriger im Kreise seiner Freunde: Hans Mayer (später Jean Améry), Rudolf Felmayer, Ernst Schönwiese und natürlich Hermann Hakel. Etwas distanziert durch Altersunterschied und Entwicklung war die Beziehung zu diesen vibrierenden Gestalten eine hauptsächlich zuhörende, etwas reservierte und leicht bewundernde.

Mit Hermann geschah etwas anderes. Mag sein, daß bei mir schon damals das Gesehene der erste Schritt zum Verstehen meiner Umwelt war. Aber seine reine Erscheinung bewegte mich von dem Moment an, da ich ihn genauer ins Auge faßte. Ein etwas kleiner, zarter Mann, verkrüppelt mit einem kürzeren Fuß und einem blind aussehenden Auge. In seinen Gesten und Bewegungen war nichts Ungewöhnliches; er vollführte sie harmonisch mit dem was ihm gegeben war. Sein Gang war ungestört und rhythmisch, unter seinen eigenen Körperbedingungen genauso richtig wie die Handgesten, mit denen er seine Meinungen und seinen Witz unterstrich. Er erlaubte mir von Anfang an, ihm ins Auge sehen zu dürfen, ohne etwas übersehen zu müssen.

Hermann mit seinen aggressiven und manchmal provozierenden Meinungsausbrüchen, hinderte einen nicht, ihm zu widersprechen. Man konnte sich ärgern, aber er erzeugte kein schlechtes Gewissen. Es war vielmehr sehr schwer, ihm zu widersprechen, da er so gescheit war. Noch dazu konnte er auch überzeugend lachen. Die ganze Erscheinung dieses Menschen wirkte um einiges klarer, wenn man die Gelegenheit hatte, in seinem Heim ein- und auszugehen. Diese graue Novaragasse, von der Zirkusgasse zum Praterstern führend, mit ihren ärmlichen Bewohnern jüdischer und christlicher Abstammung, zusammengedrängt und voneinander abgeschlossen. An der Ecke Zirkusgasse ein Hurenbeisel und einige Schritte weiter das humanistische Gymnasium und auch das Heim der abendlichen Volkshochschule.

In meiner Erinnerung an diese Wohnung sind physische Details verschwunden; was lebendig geblieben ist sind die Menschen, die dort lebten, Hermanns Familie, vor allem der überwiegende Einfluß der Mutter, die bettlägrige alte Baba im Hinterstübchen. Das ganze ein Chagall-Bild. Alles zusammen warm und farbig

in einer grauen, sonst unwirtlichen Welt, weit weg vom „Städtl" und nicht ganz ansässig in der großen Stadt.
Hier wuchs der junge Dichter auf. Er sprach Deutsch, schrieb Deutsch, wurde ein deutscher Poet und sang in dieser Sprache jüdische Melodien. Seine „Jüdischkeit" trug keine und duldete keine Flagge.

+

Nach über vierzigjähriger Abwesenheit besuchte ich Wien und sah Hermann wieder. Er wohnte in der Babenbergerstraße. Nach einigen heftigen Umarmungen, in welchen er mich „Burscherl" nannte, setzten wir uns zu einem Gläschen Schnaps im gedämpften Licht eines schönen Zimmers nieder. Und da hörte ich bisweilen das „Wienerisch" durchbrechen, das er aus der Umgebung des Pratersterns durch alle Höllenerlebnisse mitgetragen hatte.
Man konnte sich ja nicht viel Neues erzählen, man wußte ja alles. So sprachen wir über unsere Jugend, über das Überleben und über die Überlebenden; von den Nichtmehrlebenden sprachen wir nur sehr leise. Er trauerte noch immer um seine Mutter.
Nichtsdestoweniger wurde auch ein wenig geschimpft — man war doch schließlich in Österreich! Das gehörte zum ganzen Bild. Und über dem Bild in östlichen und westlichen Farben schwebt à la Chagall die Gestalt Hermanns mit einem Buch in der Hand. Nach diesem Besuch sah ich Hermann nie wieder.

HERBERT SELKOWITSCH

Geboren 1918 in Wien.
Studium.
1938 Emigration nach Frankreich u. Marokko.
Publizist.
Lebt in Monaco.

Ich hatte Hermann Hakel in der Jugendzeit kennengelernt, gerade als ich mein Studium im Realgymnasium begann. Er war etwa sieben Jahre älter als ich, was ja in der Jugend eine gewisse Rolle spielt. Unsere Bekanntschaft hatten wir in der Hauptallee gemacht, wo sich eine Gruppe von jungen Burschen, die Dichter werden wollten, öfters traf. Der ältere, damals bereits wirkliche Dichter, der diese Gruppe im wesentlichen leitete, war Marcell Pellich; er gab der Gruppe den Namen „Der Kreis".

Wir trafen uns meistens vor einem Restaurant in der Hauptallee, gingen aber nicht hinein, weil wir dafür kein Geld ausgeben wollten. Damals war eine wirtschaftlich schwierige Zeit. Also blieben wir draußen, hörten der Schallplattenmusik, die drinnen erklang, zu. Später gingen wir auf die andere Seite der Hauptallee, wo wir einander unsere Gedichte vorlasen. Hakel war mit Pellichs recht romantischen Ideen selten einverstanden. Trotzdem war er träumerisch veranlagt, wie das in vielen seiner Gedichte zu erkennen ist.

Da Hakel in der Novaragasse wohnte und ich in der Praterstraße, waren wir nicht weit voneinander entfernt. Einmal ließ er uns zu sich in die Wohnung kommen, in die Novaragasse, von der er 1936 schreibt („Personen und Situationen" — LYNKEUS-Heft Nr. 26) und ein Gedicht macht („An Bord der Erde" — Verlag Erwin Müller/Wien, 1948). Die Schilderung dieser Gasse und ihrer Umgebung, besonders der Satz „... und starre in das nächtige Nichts hinauf..." erinnert mich an den gemeinsamen Spaziergang durch die Praterstraße. Hakel deutete mit dem Zeigefinger zur Spitze des Turms der Nepomuk-Kirche hinauf, ließ mich hinauf in den leeren Raum blicken und sagte, diesen Raum möge ich schildern, dann wäre das Poesie. Es fiel mir nicht leicht, daran zu glauben, doch wollte ich ihm grundsätzlich nicht widersprechen.

Hakel schrieb sehr oft über den Prater, den er in der Jugend sehr geschätzt hat: „Zirkuszauber der Kindheit", „Grottenbahn" und andere Beobachtungen („Wurstelprater" — LYNKEUS-Heft Nr. 27). Vieles klingt sehr pessimistisch, er dünkte ihm verloren zu sein.

Viele seiner Gedichte klingen nicht nur träumerisch, sondern auch traurig, wie zum Beispiel das Gedicht „Der Gebeugte" („Haltungen" — LYNKEUS-Heft Nr. 34):

„... die Beine, — eines, das im Knie fast bricht,
erhalten kaum des Körpers Gleichgewicht..."

Diese Zeilen erinnern mich an Hakels Gebrechen.

Typisch für einen schreibenden Wiener Juden war die Gemeinsamkeit von Jiddisch und Wienerisch. Aber er muß auch noch viel anderes studiert haben, wie aus dem Inhalt seiner Schriften hervorgeht. Trotz etlicher Internierungen in Italien überlebte er die Nazi-Zeit.

Ich freute mich ungemein, Hakel nach dem Kriege in Wien wieder aufzufinden! Er war nach der Emigration nach Wien zurückgekehrt, während ich nach meiner Emigration nach Marokko in Monaco wohnen geblieben bin.

Befreundet war ich auch mit Rudolf Felmayer, der ebenfalls schon verstorben ist. Im selben Verlag, wo Hakels „An Bord der Erde" erschienen ist, wurde auch der Felmayer-Band „Gesicht des Menschen" herausgegeben. Ich besitze dieses Buch. In seiner schriftlichen Widmung für mich erwähnte Felmayer auch unsern gemeinsamen Freund Marcell Pellich. Und ein Gedicht, nämlich „Der Sieger" (ein David-Goliath-Thema), widmete er ausdrücklich Hermann Hakel.

ALFRED FRISCH

Geboren 1910 in Wien.
Studium (Rechtswissenschaft, Germanistik) und Doktorat.
Rechtsanwalt und Publizist.
Lebt in Wien.

Meine Erinnerungen an Hermann Hakel sind vielfältig. Zunächst war seine Familie mit ihm gemeinsam für mich ein Anziehungspunkt. Sie war aus Galizien gekommen, während ich ein habsburgisch frei gewordener Jude aus Wien bin. Ich kannte und wollte nicht kennen Spannungskrisen zwischen den sogenannten Galizianern des zweiten Wiener Gemeindebezirkes und den vornehmen Doppelmonarchiejuden, die in den feinen bürgerlichen Bezirken ihr wohlinstalliertes Heim hatten. Ich sehe noch die Novaragasse vor mir. Hakel wohnte auf Nr. 44. Das war für mich eine Art Bruchhaus mit interessant stinkendem Eingang. Dann aber kam man hinauf zur Mutter Hakel und war sofort zu Hause. Hermann Hakel kann nur in Zusammenhang mit seiner Familie verstanden werden. Seine körperlichen Gebrechen kompensierte er nicht nur mit seiner Gescheitheit, er verstand es auch, ohne jede Spur von Bescheidenheit immer wieder seine Meinung durchzusetzen. Oft spazierte ich mit ihm in den Prater, bis zum zweiten oder dritten Kaffeehaus, oder saß bei einer Melange auf dem Laurenziberg, immer in Diskussionen verwickelt, bei denen ich den kürzeren ziehen mußte. Jedem Baum fühlte er sich verbunden und sprach und sprach. Ich erinnere mich an zwei Zeilen aus einem seiner Gedichte:

„... da ergriff mich der Wind bei den Haaren,
und ich sprang aus dem fahrenden Zug ..."

Gerade das aber konnte er nicht. Er installierte sich, vielleicht auch deshalb, um vor sich selber und vor seiner Umgebung mit der Größe „Gottes" ident zu sein, als Gott in allem und möglichst in allen. Übrigens verstand er auch Gott so lange zu zerreden, bis es ihn schließlich nicht mehr gab. Immer blieb er, Hermann, als der unvermeidliche Sieger auf dem Sprechkriegsschauplatz zurück.

Ich mußte damals alles dransetzen, um mein Rechtsstudium voranzutreiben. Andererseits hörte ich auch Professor Klukhon auf der philosophischen Fakultät und war bei der „Literatur am Naschmarkt" dabei. Also waren Gemeinsamkeiten mit Hermann auch ein Teil meiner Zerrissenheit. Dazu kam der Kampf in der Illegalität. So entfernten wir uns immer mehr voneinander. In der Nazizeit war Hermann in italienischen Lagern und seine Familie hatte sich teils nach Israel, teils nach Südamerika retten können.

Nach Wien zurückgekommen, führten uns unsere Erinnerungen öfters zusammen. Ich verschaffte ihm eine wahrlich geringfügige

Entschädigung bzw. „Fürsorge" nach dem Opferfürsorgegesetz. Ja, und dann sprachen wir über seine Ehe mit Erika Danneberg. Danneberg war im sozialdemokratischen Vorstand eine oft entscheidende Persönlichkeit gewesen. Aber da Hermann eine Sozialistin geheiratet hatte, konnte das eben nicht gut ausgehen. Was mir damals von beiden Teilen erzählt wurde, gehört auf ein anderes Blatt. Die Scheidung, einfach und einverständlich, erwies sich als unbedingt nötig.

Es fehlte mir oft an der Zeit für das Literarische. Ich arbeitete als Rechtsanwalt für meine völlige Unabhängigkeit. Das gehörte nicht zu den einfachen Dingen. Hermann, der „Gott" — wie ich ihn bei mir nannte —, hatte, wie ich von Dritten hörte, eine Zeit lang dem Vorstand des Österreichischen PEN-Clubs angehört und ihn wegen irgendwelcher Streitigkeiten verlassen. Er tendierte nach Deutschland, wofür ich kein Verständnis hatte, und war viele Jahre in einem Vertragsverhältnis mit deutschen literarischen Stellen. Ich wußte nichts Näheres und wollte davon auch nichts wissen.

In Wien besuchte ich ihn in seiner Wohnung im zehnten Wiener Gemeindebezirk — in welchem Jahr das war, weiß ich nicht mehr —, und nahm meine jetzige Frau mit. Auch sie kam nicht zu Wort, obwohl es gar nicht einfach ist, sie mundtot zu machen.

Die Deutschen hatten in der Nachkriegszeit, zum Unterschied von Österreich, ein echtes Bedürfnis an der Mitarbeit von am Leben gebliebenen Juden. Sie demonstrierten den guten Willen und eine gewisse Reue, während Österreich sich als pures Naziopfer in die Auslagen stellte. Es war also für einen begabten jüdischen Schriftsteller durchaus lohnend, in Deutschland eine Stellung einzunehmen. In Österreich fand man im allgemeinen als Jude keine großen Möglichkeiten vor. Dann wurde Hermann offenbar kränker; krank war er ja schon seit langem. Trotzdem fand er in Österreich Verbindungen, die es ihm ermöglichten, sein literarisches Schaffen doch noch mehr an die Öffentlichkeit zu bringen. Sein großes literarisches Wissen, verwertet auch in den eigenen Schriften, war ihm dabei besonders förderlich.

Ich erinnere mich noch an ein Gespräch, in dem Hermann auch Israel als Staat der Juden nicht mehr anerkannte. Ich bin kein Zionist, nein, ich bin ein Sozialist und hatte auch deshalb von Hermann keine Freundlichkeit zu erwarten. Aber für mich war dieses bestehende Israel doch von Bedeutung. Auf einmal sollte ich also meinem Hermann gegenüber Israel verteidigen. Ja, mit dem lieben „Gott" war das eben so eine Sache.

Im übrigen anerkannte er mich nicht als Schriftsteller und Dichter. Wir sind dennoch Freunde geblieben. Hermann erinnerte sich gerne der schönen Tenorstimme meines von den Nazis ermordeten einzigen Bruders, sah aber in meiner Person nur den Sozialisten. Und das war bei ihm das Schlimmste, was man von einem Menschen sagen konnte. Dabei hätte er doch wissen müssen, daß gerade ich von allen politischen Parteien immer unabhängig geblieben bin. Ob diese Mißachtung mit der Scheidung seiner Ehe zu tun gehabt hat? Ich halte das für unwahrscheinlich. Ich glaube eher, die Ursache war, daß ich als alter Freund, der es doch besser wissen müßte, ihn nicht in seiner ganzen Größe anerkannt habe. Das war es vielleicht. Aber was immer es war — unsere Wege waren eben sehr verschieden und unsere Meinungen auch.

Hakel im Bund junger österreichischer Autoren, ca. 1935.

Hakel mit Johann Gunert und Rudolf Felmayer (v. l.), ca. 1937.

Wien, Prater-Hauptallee, Mai 1939.

Auf dem Weg in die Emigration, Venedig, Aug. 1939.

Hakel mit Eltern, Schwester und Neffen in Palästina, ca. 1946.

ALEXANDER SACHER-MASOCH

Geboren 1901 in Witkowitz (Mähren).
Doktor phil.
Schriftsteller.
Gestorben 1972 in Wien.

(Geschrieben für die „Bücherschau"/Herausgeber Willy Verkauf/ am 2. März 1948.)

Wir, die wir zu den Flüchtigen und Verfolgten gehörten, haben einander in jenen dunklen Tagen, die hinter uns liegen, oft verloren und wiedergefunden. In die Welt zerstreut, hörten wir manchmal voneinander. „Er lebt noch", sagten wir zu uns selbst oder, gar nicht selten: „Er ist tot. Auch er ist gestorben." Jeder, den wir wiedersehen durften, ist uns darum teuer.

Da kam der Dichter Hakel vor einigen Monaten nach Wien zurück, still und unscheinbar, wie er immer gewesen. Jahrelange Krankheiten in Italien und Palästina haben nicht vermocht, das schöpferische Feuer in ihm zu verlöschen. Seine Augen glänzen, sein Atem geht schneller, seine Hände greifen unsichtbare Schönheiten, wenn er über Lyrik, Drama, Novelle oder Roman spricht. Denn in allen Formen der Dichtung hat er sich versucht und in manchen ist er ein Meister geworden. Zwei Gedichtbände Hakels grüßen uns heute in Wien, „An Bord der Erde" (Verlag Erwin Müller) und dann „Und Bild wird Wort" (Verlag C. Schmeidel). Die Gedichte des ersten Bandes entstanden in den Jahren 1936 bis 1945, die zweite Sammlung begann er 1939 in Italien zu schreiben. Weltreisende waren wir alle. Auch der Dichter Hermann Hakel sah Florenz, Berlin, Konstantinopel und die Ölgärten des Herrn. Parallel mit der äußeren Reise ging die Fahrt nach innen und die Stationen dieses Erlebens der Welt sind verdichtet in Hakels Versen.

Hermann Hakel war auch vor dem Jahre 1938 kein Unbekannter mehr in Österreich. Er ist der Herausgeber und einer der Autoren des Jahrbuches österreichischer Autoren, das 1935 erschien. Es umfaßte Lyrik, Prosa und Drama, und unter den Autoren finden wir Felix Braun, Erika Mitterer, Rudolf Felmayer, Rudolf Henz, Paula Ludwig, Theodor Kramer, Ernst Waldinger — eine brillante Auslese damaliger österreichischer Dichtung! Er unternahm ein interessantes Experiment in seinem „Kunstkalender in Gedichten", der kurz darauf im Anzengruber-Verlag erschien und — dem Lauf der Woche folgend — einen Zyklus von neunzehn Gedichten mit Bildern hoher Meister ineinanderflocht.

In jenem gefährlichen Jahr 1938 bereitete er eine neue Anthologie „Stimmen der Zeit" vor, Dichtungen von Rudolf Felmayer, Hermann Hakel, Hans Gunert, Fritz Brainin und Friedrich Bergammer. Im März 1938 mußte der Druck eingestellt werden, nur der erste Bogen konnte gesondert erscheinen. Soll man darüber sprechen? Im Juni 1939 verfolgten sie ihn, fingen ihn und prügelten ihn halbtot. Es gelang ihm, nach Mailand zu flüchten. Er hat vier italienische KZ's kennengelernt. Sollen wir darüber schweigen? Nun bereitet er einen Prosaband vor, Novellen, die in den Jahren 1932 bis 1946 entstanden sind. Ein Band Sonette, „Ein Mensch aus dem Jahrhundert" betitelt, wird im Verlag Willy Verkauf erscheinen.

Hermann Hakel weilt wieder unter uns. Nehmen wir den Hut ab vor dem Dichter und dem Menschen.

FRIEDRICH HEER

Geboren 1916 in Wien.
Doktor phil. habil. Universitätsprivatdozent tit. ao. Professor.
Redakteur, Dramaturg und Schriftsteller.
Gestorben 1983 in Wien.

(Kritik in der „Furche" vom 25. März 1950 zum Erscheinen der beiden Bände „Zwischenstation" und „1938—1945: Ein Totentanz".)

Zwei schmale Bände, Prosa und Gedichte, beide zusammen ergeben eine Sammlung, eine Auswahl aus einer Flut von Impressionen — ein Ausschnitt aus einem Lebensweg. Aus dem Leben eines jungen Menschen, der in den letzten zwanzig Jahren im Sturm unserer Zeit heranwächst, gerüttelt und geschüttelt, oft über das Maß des Erträglichen. Die gutbürgerliche Kinderstube in Wien, behütet mit den Träumen einer späten ästhetisierenden Schönheitskultur. Nachwehen des fin de siècle, der Loriswelt Hofmannsthalscher Prägung. Dann aber ist sofort das andere da: in Angst und Schrecken wird die Welt als ein unverstanden-unverstehbares Loch erfahren, ein Kerker, in dem Kranke, Irre, Verbrecher hausen: Kafka ist plötzlich ganz nah. Kein Zufall, daß, im guten Sinn des Wortes, die besten „Geschichten" stark an ihn anklingen. Was Kafka noch im Innenraum des Ichs sieht, wird Hakel gezwungen, in der Außenwelt anzuschauen: zerquälte, gepeinigte Jahre als Flüchtling quer durch Europa. Armut, Schande und Schönheit Unteritaliens, KZ in Italien — in der Nachschilderung von fern an Carlo Levi erinnernd —, Flucht weiter in den nahen Osten, nach Palästina. Ein geschundenes Dasein also, immer aber noch klingen herein die Träume und Tränen der Kindheit: Sehnsucht nach Begegnung mit den großen Meistern der Form — diese stammelnde Sehnsucht sucht Aussage des eben Erlebten, des ätzend heißen, verzehrenden Augenblicks. Das Fragmentarische, Gewollt-Brüchige, Hart-Herbe, Ungerundete in Hakels Stil erweist sich als begründete Aussageform dieser „Présences", wie die Franzosen sagen würden. Weit ist der Weg her von Peter Altenberg „Wie ich es sehe": Hakels Kurzgeschichten vertreten einen Neuimpressionismus, der bewußt über Altenbergs Verhaltenheit hinausgeht: das persönlich und kollektiv erfahrene Leid, die Not der Zeit pressen diese oft banalen Stories ins Transzendente hinein — zumindest in jene Randzone, in der echte Zeitdichtung heute beheimatet ist. Der tote Bauer in Kalabrien, das kleine, dumpfe Mädchen, ein paar schwarze Bäume — in scharfen, knappen, bewußt kahlen Aussagen wird hier etwas hereingeholt von dem, was die Wachsten einer Generation zwischen den beiden Kriegen zutiefst beeindruckt, ja geformt hat: die Welt ist nicht rund, nicht samten und seidig, sondern eckig, mit tiefen Löchern, an ihren Kanten und Spitzen zerstoßen die Besten sich ihr Herz. Sie ist nicht vertraut, sondern unvertraut, sie birgt nicht Trost, sondern Untrost: so daß von diesem auszugehen ist, um in Lied und Wort eine neue Tröstung zu finden. — Von diesem Weltgefühl geben Hakels Prosa-Impressionen Bericht in einer sehr verhaltenen, verhüllten Form — expressiv-deklamatorisch, in harter programmatischer Aussage: seine Gedichte. Man tut also gut, diese zuerst zu lesen — als Interpretation jener Sinngebilde seiner Prosa. Zusammen ergeben sie ein Bild, das sich deutlich absetzt gegen die schöntonigen Reimereien und Romantizismen, die, geschirmt von großen Schatten (Rilke...), so vielen jungen Lyrikern heute zur Versuchung werden — gerade auch in Österreich — was Almanache und Vers-Sammlungen beweisen. Hier klingt ein anderer Ton.

GERHARD AMANSHAUSER

Geboren 1928 in Salzburg.
Studium (Mathematik, Technik, Germanistik, Anglistik).
Schriftsteller.
Lebt in Salzburg.

1959

In einem Anfall von jugendlichem Geltungsbedürfnis hatte ich im Dezember 1950 einen Brief an den berühmten Schriftsteller Ernst Jünger geschrieben, dem ich einige im Zustand geistiger Verwirrung verfaßte Gedichte beilegte. Jünger würdigte mich aber trotzdem einer Antwort und riet mir, mich an den „jüdischen Schriftsteller Hermann Hakel" zu wenden, dessen Wiener Adresse er mir angab. Daraufhin besuchte ich die Nationalbibliothek und und ließ mir die Schriften Hakels bringen. Die Lektüre seiner Gedichte verstimmte mich so sehr, daß ich beinahe weiter nichts unternommen hätte, wenn ich nicht von einigen Prosastücken einen gewissen Eindruck bekommen und im übrigen gehofft hätte, Jünger würde mich nicht an einen unbedeutenden Menschen empfehlen. Ich schrieb also an Hakel einen Brief, dem ich vermutlich wieder meine dubiosen Dichtungen beilegte. Hakel, der sich damals mit großem Ernst der jungen Autoren annahm und deshalb noch viel verwirrtere Verse gewohnt sein mußte, sandte mir eine freundliche Einladung, ihn zu besuchen.

Anfang des Jahres 1951 betrat ich eines der häßlichen Mietshäuser in der Nähe der Mariahilfer Straße (Stumpergasse). Ich fand an einer Türe den Namen Hakel mit der Überschrift „Lynkeus", dem Titel einer Zeitschrift, die er damals herausgab. Eine dünne schwarzhaarige Dame mit klugen Augen und künstlicher Freundlichkeit stellte sich mir als seine Frau vor und führte mich in ein vernachlässigtes Zimmer, das schlecht möbliert und mit Büchern vollgestopft war. Dort fand ich einen jungen Mann vor, der sich offenbar, seinem ganzen Habitus nach zu schließen, genau wie ich „in der Dichtkunst versuchte" und mit dieser Sorge zu Hakel gekommen war. (Es war der Lyriker Buchebner, der sich später erschoß).

Die Erscheinung des Mannes, der bald darauf eintrat, bestürzte mich: Hakel war ungewöhnlich klein und bewegte sich hinkend vorwärts. Der eine Fuß war infolge eines frühen Unfalls und einer mißglückten Operation etwa 10 cm kürzer als der andere, was durch einen Schuh mit besonders hohem Absatz ausgeglichen wurde. Sein Gesicht wirkte stark jüdisch; der Mund war angenehm, die Nase profan und ohne Feinheit, ein Auge schön, voll tiefen Ausdrucks, das andere durch eine Krankheit getrübt. Die Stirne hatte eine außergewöhnlich schöne Wölbung. Die Haut jedoch wirkte blaß und kränklich. Die körperlichen Mängel dieses

Mannes waren so auffallend, daß es nur schwer zu ermessen ist, wie sehr er darunter litt und in welchem Ausmaß — ein Umstand, den er selbst manchmal betonte — sein rebellisches Denken davon ausging.

Die Nachteile seiner körperlichen Erscheinung konnte man vollständig vergessen, wenn er zu sprechen begann. Falls ihn niemand dabei störte, erhob er sich bald von irgendeinem scheinbar banalen Thema zu den bedeutendsten Dingen. Seine Stimme war laut, deutlich vom Wiener Dialekt gefärbt, kräftig akzentuiert, derb und manchmal ordinär im Ausdruck. Ungemein originell waren die Formulierungen. Er beherrschte fast jedes Gespräch und war, durch eine verblüffende Gegenwart des Geistes, niemals um eine Antwort verlegen. Diese Gabe nützte er tyrannisch aus und ließ die anderen kaum zu Wort kommen. Warf man ihm das vor, so schob er die Schuld auf seine Gesprächspartner, oder vielmehr auf seine Zuhörer, deren Unfähigkeit zu handfesten Erwiderungen er als beschämend bezeichnete. Ihm selbst schienen die Themen aus einer unerschöpflichen Quelle zuzuströmen, und die Kombinationen, die sie eingingen, verrieten ein ganz außergewöhnliches Genie.

Einmal, als ich mit Hakel an einem halb geöffneten Fenster saß, und er eine seiner Reden hielt, störte mich ein gewisser Blick, den er von Zeit zu Zeit auf den Fensterflügel richtete. Erst nach einer Weile erkannte ich den Grund dafür: in seiner Richtung wirkte das Glas als Spiegel, darin er sein Mienenspiel und seine Gesten bespiegelte.

Ich wurde mir bald darüber klar, daß dieser Mann etwas hatte, das mir noch niemals bei einem Menschen untergekommen war. Es blieb mir allerdings ein Rätsel, wie jemand, der so glänzend sprach, Dichtungen publizieren konnte, wie ich sie in der Bibliothek gelesen hatte. Vergeblich suchte ich in seinen Schriften nach den Spuren jenes Feuerwerks, das er in Gesprächen und Reden entfaltete. Sobald Hakel sich bemühte, etwas niederzuschreiben, schien ihn eine Art Lähmung zu befallen. Ich kam schnell zu dem Schluß, daß ich hier einen großen Lehrer und Redner vor mir hatte, der sich selbst, da er von einer mächtigen dichterischen Phantasie belebt war, für einen Dichter hielt. Ich fühlte, daß dieser Mann mir helfen konnte, meinen verworrenen Zustand nach und nach zu klären. Die Bibel allerdings, die für ihn von höchster Bedeutung war, blieb mir, von einigen Fabeln abgesehen, vollständig fremd. Und doch wurde mein asoziales, geschichts- und traditionsloses Dasein durch Hakel wenigstens bis zu einem gewissen Grad mit der europäischen Tradition verbunden. Der Schaden, der durch eine verbrecherische Erziehung meiner Generation entstanden war, konnte niemals behoben werden; aber ich begann immerhin, mich unter dem Einfluß Hakels mit sozialen Problemen wenigstens nebenbei zu beschäftigen.

Hakel war ein politischer Kopf. In dieser Beziehung glich er Heinrich Heine. Was Thomas Mann von einer seiner Romanfiguren sagte, trifft vielleicht auch auf Hakels Wesen zu: „Gleich vielen geistreichen Juden war er von Instinkt zugleich Revolutionär und Aristokrat; Sozialist — und zugleich besessen von dem Traum, an stolzen und vornehmen, ausschließlichen und gesetzvollen Daseinsformen teilzuhaben."

Hakel war kein Demokrat. Er glaubte an die Notwendigkeit einer Elite, die den jeweiligen Lebensformen Gehalt und Ausprägung verleiht. Seit der Französischen Revolution — dies war seine Ansicht — gingen alle Kämpfe um die Bildung einer neuen, sagen wir: nichtprofanen Elite. Die Agrarwelt war, recht und schlecht, von einer Adelsschicht beherrscht worden, der man am Beginn des industriellen Zeitalters die Köpfe abschlug. Seither lautet die Frage: Wer wird die industrielle Welt ordnen? Daß keine unserer „Parteien" dazu imstande ist — das wußte Hakel schon als junger Mann.

Hätte man Hakel die Gelegenheit zu politischer Herrschaft geboten, er wäre zweifellos Autokrat geworden; ob ein guter oder schlechter, will ich dahingestellt lassen. Er hatte etwas Gewaltsames in seiner Natur. Schon wenn er ein Zimmer betrat, riß er, ohne anzuklopfen, die Türe auf. War er drinnen, ließ er die Türe offen. Offene Türen überall: ins Badezimmer, in die Toilette! Er war ein Proselytenmacher. Er hätte es gern gesehen, wenn eine Schar junger Männer seine Ideen bewundert und verbreitet hätte. Es traf ihn sehr hart, daß sich nahezu alle Schriftsteller, die er kurz nach dem Zweiten Weltkrieg entdeckt, beraten und gefördert hatte, von ihm abwandten, und zwar meist in ausgesprochen feindseliger Haltung. Seine scheinbar treuesten Jünger fielen ihm in den Rücken. Und dabei hatte er tatsächlich für sie getan, was er konnte, hatte sie bewirtet, ihnen Geld geliehen oder geschenkt, Posten vermittelt, ihre Arbeiten gedruckt, etc. In dieser Hinsicht war er von außergewöhnlicher Fürsorge.

Er übersah, daß man einem Künstler oder einem, der sich dafür hält, vor allem schmeicheln muß. Auf die Dauer verträgt es keiner, wenn man seine Eitelkeit immer wieder verletzt, mag die Verletzung berechtigt oder unberechtigt sein. Man konnte Hakels Kritik nur schwer ertragen; er ließ einem keine Ruhe, bearbeitete einen dauernd mit Vorwürfen und Argumenten, sagte seine Meinung schonungslos heraus und suchte damit über alle zu dominieren.

Vielleicht wäre dies noch erträglich gewesen, wenn seine Bestrebungen in der Öffentlichkeit Erfolg gehabt hätten. Das Gegenteil war der Fall: Seine Ehrlichkeit und Offenheit machten ihm überall Feinde; bald wurde sein Name in keiner einflußreichen Publikation mehr genannt. Seine ehemaligen Schüler und Schuldner dagegen schlossen sich der Zeitmode an, umschmeichelten einflußreiche Kritiker und gewannen literarischen Ruhm. Sie folgten dem Weg des kleinsten Widerstandes und waren bald eingefangen von jener scheinbar so selbstverständlichen Beredsamkeit und Würde, die dem florierenden Literaturbetrieb eigen ist. Sie fühlten sich bald in einer Position, von der aus ihnen Hakel als hoffnungsloser Querkopf und erfolgloser Dilettant erscheinen mußte, auf dessen Gedichte, falls sie überhaupt noch aufschienen, jedermann mit Hohn deutete.

Und er war es auch, war ein Querkopf und Dilettant, ein höchst unbequemer Moralist, der selbst seinen hohen Forderungen niemals gerecht wurde, ein Don Quijote, der gegen Windmühlen kämpfte, ein Wiener Vorstadtjunge, der träumte, ein lyrischer Held zu sein — kurz und gut: ein absonderlicher Mensch, der keinem in den Kram paßte. Und gerade dies war es, was ihn auszeichnete in meinen Augen: Hier war ein Individuum, in dem ununterbrochen eine originelle Kraft wirkte; ob er wollte oder nicht, er wurde ausgespuckt, an den Rand gedrängt; er konnte sich dem sinnvortäuschenden Betrieb nicht anpassen, denn er stellte das Fragwürdige dauernd in Frage.

Die anderen Künstler und Schriftsteller, die ich kannte, verhielten sich ganz wie Durchschnittsmenschen: Sie richteten sich wohnlich auf dem Kunstmarkt ein, griffen nach den gängigen Vorstellungen und Formen, handhabten sie besser oder schlechter, je nach Talent. Sie steckten bis über die Ohren in der Gewöhnlichkeit ihres Alltags, diskutierten und lobten gegenseitig ihre Werke, fuhren zu Tagungen und Kongressen, gingen bei Redaktionen und Verlagen ein und aus und spürten vielleicht einmal in der Woche den Katzenjammer der Verzweiflung. Und die originellste

Lösung, die für manchen noch übrigblieb, war dann schließlich der Selbstmord.

Hakel dagegen war immer mit dem Rätsel des Lebens beschäftigt, kämpfte ununterbrochen um Klarheit, suchte mit Gedanken und Träumen das Unbegreifliche und höchst Fragwürdige zu fassen. Und dies schien mir, ganz abgesehen von Kunst und Literatur, das Außergewöhnliche seiner Existenz.

Auch in mir war dieses Staunen und Fragen, dieses ständige Bewußtsein einer gefährdeten, ja verzweifelten Lage: denn unser Leben hat ein Gorgonenhaupt, und wer das erblickt, wird aus den Konventionen und Moden herausgerissen, ob er will oder nicht. Und Kunstmarkt und Literaturbetrieb sind daneben Bagatellen.

Ich sehe Hakel vor mir: in der Straßenbahn, unentwegt sprechend, mit einem nervösen Zucken um Mund und Nase. Die dunklen Augen, die manchmal sehr weich erschienen, blitzen jetzt durch die Brillengläser, wachsam und grundgescheit. So spricht er, inmitten des Geschiebes und Gestampfes, ein kleiner, hinkender Jude, und die Rede strömt aus ihm heraus, witzig, ordinär, treffend, von unglaublicher Vitalität. Die Leute sehen sich nach ihm um, wollen an ihm vorbei, er aber merkt nichts von seiner Umgebung, spricht frei heraus, indem er mich durch die Gläser anvisiert, gebraucht, wo sie passen, die ordinärsten Worte, so daß sich würdige Herren und Damen entsetzt nach ihm umdrehen. Unter den müden Gesichtern der Straßenbahn wirkt er wie das Leben selber: vielfältig, wandelbar, übermütig, bedrohlich, weich und im nächsten Augenblick brutal, aber immer lebendig, ein zwangloses Überströmen, das sich in Worten produziert.

1966, nach einem Besuch bei Hakel

Tag für Tag ist Hakel an seine Gedanken und an die soziale Misere gekettet, ohne sich für die kleinen Alltäglichkeiten Zeit zu nehmen, die das Leben angenehm oder gar bezaubernd machen. Natürlich verdirbt er dabei auch seinen Besuchern den Geschmack am harmlosen Dahinleben, was zur Folge haben muß, daß sie böse oder verdrossen reagieren.

Einerseits kann er nicht gut allein leben, weil er es nicht versteht, die täglichen Verrichtungen in eine interessante und anziehende Form zu bringen, andererseits schreckt er seine Bekannten oder Geliebten durch insistierende Diskussionen ab. Seine Wohnung, obwohl neu, ist doch unwohnlich, weil jene

Kleinigkeiten fehlen, die auch dem anspruchslosesten Zimmer einen gewissen Charme verleihen. Er zieht, wenn er aufsteht, über seinen Pyjama einen Schlafrock an, der vorne aufgeht, wobei Brust und Bauch frei werden. Ein feiner Geruch, wie aus schlecht gelüfteten Betten, scheint allen Dingen anzuhaften. Nur wenn er ausgeht, wäscht er sich und zieht sich an; sonst ist er immer im Schlafrock, dessen langes Gürtelband auf dem Boden nachschleift.

Will man in seiner Wohnung irgendetwas verrichten, so geht er einem oft nach, um die Ohren für seine Worte nicht zu verlieren; kocht man, so redet er in der Küchentür, was natürlich jeden irritiert, der Sinn fürs Kochen hat; ißt man, so theoretisiert er weiter, ohne aufs Essen einzugehen, was den Koch beleidigt, und so fort.

Hakels außergewöhnliche Menschenfreundlichkeit, seine Freigebigkeit (ich sah noch nie jemanden, dem das Geld so locker saß, wenn es galt, einem, der noch weniger hatte, zu helfen) — alle diese seltenen Fürsorgen bezogen sich nur auf das Geistlose. Wehe aber, wenn jemand mit geistigen oder künstlerischen Ambitionen kam; ein schneidender Wind schlug ihm dann entgegen. Aus dem Schlafrock fuhr ein Prophet hervor. Und der arme Künstler oder Philosoph wurde, nolens volens, in apokalyptische Landschaften verschleppt, wo seine ästhetischen oder intellektuellen Kartenhäuser von einem Jahrtausend-Wind verblasen wurden. Keine Konkurrenten, am wenigsten die berühmtesten, wurden hier geduldet. Niemand durfte in dieser imaginären Landschaft sich neben den Propheten stellen; und der war, wie er einmal andeutete, so etwas wie Johannes der Täufer, dem Christus noch nicht untergekommen war. Doch ging es ihm letzten Endes nicht um seine Person, es ging ihm um die Sache. Wenn es um diese tatsächlich so stand, wie der Prophet es sah, dann mußte man ihm allerdings eine exzeptionelle Haltung zubilligen. Und hierin lag der tiefste Grund des Ärgernisses, das Hakel erregte, die Erklärung dafür, daß Schriftsteller und Künstler sich von ihm abwandten und gegen ihn intrigierten. Wenn nämlich eine neue Epoche anbricht, die prinzipielle Forderungen stellt, dann hat der florierende, extravagante Kunstbetrieb nahezu keine Chance mehr. Dieser Kunstmarkt ist aber nun einmal der Platz, auf dem die Künstler sich tummeln; mögen sie auch eine gewisse innere Distanz bewahren, sich im Geheimen als Ausnahme betrachten, den Markt ironisch oder gehässig kommentieren —

im Grunde lieben sie doch dieses gärende, unsolide Milieu, und sie sind darauf angewiesen. Ein Prophet, der sie ständig darauf hinweist, daß sie sich in Sodom und Gomorrha befinden, der ist ihnen einfach unbequem, und sie werden ihm bestenfalls antworten: wir sind lieber, bei bengalischer Beleuchtung, Augenblickskünstler in Sodom als Propheten in der Wüste. Die meisten allerdings werden den Propheten gar nicht sehen; sie werden sagen: Ist hier jemand? Ich sehe nichts.

Obgleich mir dieses Prophetentum Hakels, das sich zweifellos aus dem Judentum herleitete, so fremd war wie die Bibel selbst, war mir doch eines klar und zeigte sich mir immer deutlicher: Ich lebte in einer niedergehenden, ganz und gar verächtlichen Welt, in einem niedergehenden, ganz und gar verächtlichen Land. Ich hatte alle meine Sinne zur Wahrnehmung von Formen geschärft und konnte mich nicht darüber täuschen, daß keine bedeutsamen öffentlichen Formen mehr entstanden und der kulturelle Ausdruck der Gesellschaft, in Bauten, Lebensbewegungen und Bräuchen, einen kaum mehr überbietbaren Tiefpunkt erreicht hatte. Die Formen stammten ursprünglich, das lernte ich von Hakel, aus den alten Riten, und was ich erlebte, war die Auflösung und Profanierung der letzten rituellen Reste Europas. Der Stil der Künstler konnte sich auf die Dauer diesem Prozeß nicht entziehen. Ja man konnte den Niedergang nicht nur vom Straßenbild, sondern auch von den Kunstwerken ablesen.

Aus diesen Gründen erschien mir die Position Hakels bedeutender als jene aller mir persönlich bekannten Literaten oder Künstler. Mochten seine apokalyptischen Prophezeiungen im einzelnen falsch, verfrüht, oder durch unrichtige Analogieschlüsse aus der Vergangenheit verzerrt sein — im Kern der Sache hatte er, meiner Überzeugung nach, recht. Es ist ja möglich, daß es den Leuten beliebt, die Welt für einige Jahrhunderte oder Jahrtausende, vielleicht sogar für immer, in Barbarei zu stürzen; ist das aber nicht der Fall, dann werden sie sich zu neuen Formen, zu einer Neudefinition unseres Weltbezugs entschließen müssen, und das bedeutet, früher oder später, das Ende unserer Lebensart, unseres Kunstmarkts und unserer Koryphäen.

Das Fatale war, daß der Apokalyptiker Hakel, der im Innersten nicht nur vom Niedergang eines Zeitalters, sondern einer Menschheitsepoche betroffen war, inmitten eines chaotischen Wustes von Notizen, Entwürfen und mißlungenen Gedichten als gescheiterter Schriftsteller dastand, der jederzeit die Apokalyptik als Entschuldigung für sein Versagen als Dichter vorweisen konnte. Denn bei solchen Niederbrüchen — was vermag da ein Dichter! Und immer dann, wenn er sich bewies, daß die anderen, die Anerkannten und Literaturgrößen mit ihren von der Reklame gepriesenen Werken nichts ausgerichtet, gelogen oder getäuscht hatten, ja wenn er sich bewies, daß Juden überhaupt in der deutschen Lyrik nicht den eigenartigen Ton treffen, weil ihnen aus mysteriösen Gründen der Urlaut dieser Sprache fremd sei — immer dann mußte der Verdacht auftauchen, daß er nach Ausreden für sein Versagen als Dichter suchte. Was er aber wirklich war: ein Zeitinterpret, das wollte er nicht sein.

1969

Hakel erregte manchmal Heiterkeit durch die Behauptung, er sei eigentlich ein „Schlägertyp"; genau besehen steckte darin eine Wahrheit: Er wählte immer selbst die Waffen des Duells, nämlich Worte; und diese waren, gleichsam als Kompensation seiner körperlichen Schwäche, scharf geschliffen. Der Gegner mußte freilich satisfaktionsfähig sein, und das war jeder, der irgendwelche Ansprüche geistiger oder künstlerischer Art stellte. Ein solcher wurde von Hakel in jedem Fall, auch bei unpassendsten Gelegenheiten, angegriffen, mochte er etwas geäußert haben oder nicht. Selbst wenn der Betreffende in völliger Harmlosigkeit sich näherte und nichts im Sinn hatte, als sich zu amüsieren, hatte er doch, in Hakels Augen, zu einem früheren Zeitpunkt das unverjährbare Verbrechen begangen, Ansprüche auf geistigem Gebiet zu stellen; und dieses Revier wurde vom Hakel-Drachen verteidigt.

Hakel kämpfte mit Tiefschlägen. Er griff dort an, wo das Opfer sich nicht verteidigen konnte oder mochte, also etwa in Fragen der Moral, der nationalen oder religiösen Herkunft. War einer Jude, so wurde ihm vorgeworfen, daß er seine Herkunft kaschiere oder nicht genügend herzeige; war er Christ, so wurde ihm Heuchelei vorgehalten, war er Agnostiker, mußte er sich Verleugnung der Tradition, ahistorische Illusionen oder Eskapismus nachsagen lassen. Man konnte also weder Christ sein, noch durfte man Nicht-Christ sein, beides war unanständig.

Aber auch harmlosere Eigenschaften wurden zum Angriffsziel. Ein Beispiel: Als ich einmal gegen 9 Uhr früh Kaffee servierte, wies er, in Gegenwart meiner Frau, darauf hin, daß ich Langschläfer sei, und betonte zum x-ten Mal, wie früh er immer schon wach sei und wie ihm zu dieser Zeit das Denken zufliege. Er sei überzeugt, so fügte er hinzu, daß alle wahrhaft intelligenten Menschen Frühaufsteher und Frühdenker seien.

Solche Selbsterhebungen auf Kosten eines anderen kennt jeder aus seinen geheimen, primitivsten Gedanken und Affekten; aber sie zu äußern, ja sie dem anderen polemisch ins Gesicht zu sagen, ruft fatale Wirkungen hervor. Deshalb war es nicht verwunderlich, daß die meisten Leute seine Gesellschaft zu meiden suchten. Sie hatten einfach keine Lust, endlose Tiraden anzuhören, aus denen ständig versteckte oder offene Angriffe hervorbrachen, wenn nicht gerade Hakels Selbstlob gesungen wurde.

Ganz abgesehen vom Inhalt, von der Wahrheit gewisser Behauptungen und Anschuldigungen, war dies einfach eine Taktlosigkeit, deren Ausmaß ich mir so erklären konnte, daß Hakel unter einem Zwang stand, sich fortwährend an den zu Unrecht Bekannt- oder Berühmtgewordenen zu rächen, sei es dafür, daß sie physisch intakt waren, sei es für die Indolenz, die sie seiner Genialität entgegenbrachten. In der Kunst, die er als Kompensation für seine physische Misere bis zur höchsten Meisterschaft entwickelt hatte, im Denken und Reden, mußte er, als Weltmeister, jeden niederschlagen, der sich auf diesem Gebiet auch nur die kleinsten Blößen gab.

Verblüffend war dabei seine psychologische Blindheit. So wie er seine Umgebung, infolge der Beschäftigung mit sich selbst und seinem Denken, sehr oft nur undeutlich wahrnahm und sich an fremden Orten, in fremden Häusern und Städten, lange nicht orientieren konnte, so bemerkte er auch die Reaktionen der Leute, ihre verzweifelten Blicke, Seufzer und dgl. nicht. Er fühlte kaum, daß er bei den anderen Überdruß und Abneigung hervorrief. Selbst wenn sie sich schon halb zum Gehen gewandt hatten und viele kleine Anstrengungen machten, ihn das merken zu lassen, glaubte er noch, immer weiterredend, sie gut zu unterhalten.

Dabei hatte er durchaus die Fähigkeit, die Leute im Grunde richtig zu beurteilen; er erfaßte sehr wohl etwas von ihrem Wesen, und zwar mehr als die Höflichkeit erfährt. Was ihm aber entging, war die momentane psychologische Konstellation, das psychische Wetter mit seinen Launen, nach denen man sich richten muß, will man nicht als Spielverderber angesehen werden.

So kam er in die paradoxe Situation, daß er, der doch mehr als üblich über andere nachdachte, im Moment fast niemals genügend Aufmerksamkeit für sie aufbrachte, auf ihre Reaktionen und kleinen Winke nicht einging, weil er ganz von seinen Tiraden und Wortentwicklungen besessen war, und auf diese Weise Abneigungen hervorrief, deren Grund er dann, wenn er sie schließlich doch bemerkte, falsch beurteilte.

Die Zuneigung, die uns die Leute entgegenbringen, hängt kaum von prinzipiellen Fragen oder bestimmten Grundsätzen ab, sondern sie bildet sich, wenn wir ihnen Gelegenheit geben, sich zu entfalten oder gar zu glänzen. Nehmen wir ihnen diese Gelegenheit, während wir uns selbst auf ihre Kosten entfalten, so schlägt uns Abneigung entgegen. Das ist gleichsam ein elementarer biologischer Vorgang, der von speziellen Inhalten völlig unabhängig ist.

Indem er fortwährend gegen dieses Gesetz verstieß, erzeugte Hakel einen Widerwillen gegen seine Anwesenheit, den ich überall beobachtete, wo man ihn nicht näher kannte und sich nicht an ihn gewöhnt hatte.

Hakel über Adorno, Marx und andere

Typisch für Hakels Charakter ist die Abneigung, die er Denkern jüdischer Abstammung wie Adorno entgegenbrachte, Schriftstellern, die in der Literatur ihrer Geburtsländer Erfolg hatten und Wirkung zeitigten, ohne ihre Herkunft zu betonen. Er nahm ihnen übel, daß sie, bildlich gesprochen, keinen literarischen Davidsstern trugen. Und wenn ich mein Befremden gegen derartige Vorwürfe aussprach, so verdächtigte er mich eines verkappten Antisemitismus: des Wunsches nämlich, die Juden möchten sich alle assimilieren und so gleichsam verschwinden. Bei der schicksalhaften Bedeutung, die er dem Judentum zuschrieb, mußte ihm jeder Nachdenkende, Jude, Christ oder Ex-Christ, für den dieses Problem nicht zentral war, als Schwindler erscheinen, der sich durch Wegblicken und Absehen um ein historisches Dilemma herumdrücken wollte.

So war zum Beispiel die kulturkritische Schriftstellerei Adornos für Hakel eine typische Fehlleitung jüdischer Propheten- und Welterlösungsinstinkte. Der Umstand, daß die Quellen nicht reflektiert und zugegeben wurden, daß der Schriftsteller den Anschein erweckte, sich einer internationalen, allgemeingültigen

Denkbewegung anzuschließen (zu assimilieren), führte, nach Hakel, zu einer Verfälschung des Stils und des Denkens Adornos. Hier predigte sozusagen der Rabbi vor den Gojim, ohne sich selbst als Rabbi und seine Zuhörer als Gojim zu markieren, als Christen oder Ex-Christen, die mit einer verfälschten Version der jüdischen Religion Bankrott zu gehen drohten. Er verhalf ihnen auf diese Weise nicht nur zu einer Scheinflucht aus ihrer historischen Misere, die im Scheitern des Christentums zu suchen war, sondern überdies zu einem verlogenen Philosemitismus, der dem assimilierten jüdischen Denken galt und der eigentlichen Provokation durch das originäre Judentum auswich. Indem also Adorno von seiner Herkunft absah („einen blinden Fleck" hatte, wie Hakel sich ausdrückte), ermöglichte er auch seinem Publikum die Ausflucht, ließ auch ihm den blinden Fleck, und darin lag sein Erfolg begründet.

Natürlich wird man hier auf das gleiche Problem bei Marx zurückverwiesen, wo es viel größere, weltpolitische Dimensionen annimmt. Ich will wenigstens den Versuch machen, Hakels historische Spekulationen in dieser Hinsicht zu skizzieren.

Die Juden sind bekanntlich ein Volk, dessen Größenwahn welthistorisch geworden ist. Sie siedelten an der Nahtstelle der drei großen antiken Machtblöcke Ägyptens, Babyloniens und der Mittelmeerwelt. Ihre politische Bedeutungslosigkeit und relative Primitivität, verglichen mit den glanzvollen Errungenschaften der Riesenreiche, und das ständige Zerriebenwerden zwischen den Militärmaschinen zwangen sie gleichsam zu einer geistigen Tour de force, quetschten sozusagen die welthistorische Religion aus ihnen heraus, die Idee nämlich, Geschichte als monotheistische Religion zu erleben.

Während die Riesenreiche, verglichen mit ihren kulurellen Raffinessen, künstlerischen Fähigkeiten und wissenschaftlichen Fortschritten, nur über weitgehend kindliche und noch dazu nicht recht ernstgenommene Religionen verfügten, verknüpften die Juden das religiöse Streben, das mit der Lebenspraxis weitgehend identisch war, untrennbar mit ihrer historischen Existenz.

Und nun ereignete sich das Unerhörte und Fatale: Das griechisch-römische Monster war, befrachtet mit all seinen Überlegenheiten und stolzen Errungenschaften künstlerischer, philosophischer und wissenschaftlicher Art, im Innersten, also im religiösen Zentrum, so hohl geworden, daß es, um nicht zusammenzubrechen, die

Religion einer kleinen verachteten Kolonie importierte. Darin lag, nach Hakel, etwas ungemein Beschämendes für das souveräne Monster: es besaß alle Macht und Herrlichkeit der Welt, nur am entscheidenden Quellpunkt war es leer. Und der Umstand, daß es seine Potenz mit Hilfe jener verachteten, militärisch geschlagenen Kolonie regenerieren mußte, wurde, infolge der fundamentalen Beschämung, zum Ursprung aller antisemitischen Umtriebe der Zukunft.

Die Juden, weiterhin armselig, verächtlich gemacht, aber doch niemals verschwindend, bildeten und bilden eine immer gegenwärtige Provokation, indem sie an diese fatale Potenzschwäche erinnern. Zwar distanzierte sich die christliche Religion von der jüdischen, übernahm den heidnischen oder orientalischen Pomp, das dekorative Prozessions- und Messewesen, bis sie äußerlich nicht mehr als jüdische Sekte zu erkennen war; aber als Kern blieb doch die nicht wegdiskutierbare Bibel, und in ihr das Alte Testament, also die Geschichte eines den Europäern wesensfremden Volkes.

Wenn die Europäer in ihrer Religion eine nicht im geringsten zu ihnen passende, fremde Geschichte mitschleppten, so war das eine aus historischen Zufällen entsprungene Absurdität, und darüber hinaus ein großes Unglück. So sehr sie sich auch plagten — sie konnten diesen Brocken nicht verdauen und wurden von immer wiederkehrenden Koliken geschüttelt. Wenn dann Katastrophen eintraten, wurden immer, mit erstaunlicher Konsequenz, die Juden, als angebliche Ursache der Misere, malträtiert und umgebracht. Sie waren zwar unschuldig, da sie niemandem die Bibel aufgezwungen oder aufgedrängt hatten, doch lag in ihnen tatsächlich, auf dem Umweg über die Bibel, die Ursache für das schlechte Befinden der Europäer.

Ernst Bloch schrieb, daß es „ohne Beispiel (war), daß man die Autorschaft der gleichen Bibel den Juden zwar zubilligte, sie jedoch um die Ehre daraus betrügt... Dieser doppelte Blick aufs Judentum, diese beispiellose Bewußtseinsspaltung in der Apperzeption des Judentums" begleitet die Geschichte der Europäer, deren Kunst etwa ohne die Bibel nicht denkbar ist, ja deren Vornamen sogar zu einem guten Teil dem Pentateuch entnommen sind.

Als dann die christliche Kultur zerbröckelte, die formbildenden Kräfte der Kirche erloschen und die Macht des Geldes sich zu etablieren begann, war es wieder ein Jude, nämlich Marx, der den Ex-Christen ein Rezept lieferte. Diesmal allerdings wurde die jüdische Abkunft des Rezeptes verschleiert. Marx hatte einen „blinden Fleck", er konnte oder wollte, verführt von der Wissenschaftsgläubigkeit des 19. Jahrhunderts, die religiöse Wurzel des Gesellschaftsproblems nicht sehen und die eigentlichen Quellen seines prophetischen Eifers nicht aufdecken. Die Art, das Heil in der Geschichte zu suchen, war jüdisch, doch die Abwendung vom religiösen Kraftzentrum war ein Verrat am Judentum, der die Wahrheit der neuen Lehren in entscheidenden Punkten beeinträchtigen mußte.

Die Christen oder Ex-Christen hatten also jetzt eine neue Heilslehre jüdischer Provenienz, die sich aber, da sie den Grund der Misere verschleierte, für sie noch fataler auswirken mußte als das Christentum. Einerseits deckte sie die ganze Erbärmlichkeit der Profitwirtschaft in genialer Weise auf, andererseits versprach sie eine Heilung, die auf die angegebene Weise niemals gelingen konnte, weil das Übel in seiner Wurzel nicht richtig diagnostiziert worden war.

Man nehme als Illustration die Entwicklung Rußlands seit der Revolution: Der anfängliche intellektuelle Internationalismus, noch von Juden mitgetragen, war eine dünne Chimäre, die sehr bald vom Nationalismus und Antisemitismus Stalins weggeblasen wurde. Zum Vorschein kamen schließlich die alten, von Marx in ihrer Mächtigkeit nicht erkannten Formen: die Kastenhierarchie, die Inquisition, die Kunst als biblia pauperum, die Unterwerfung und Missionierung der Kolonien und der Antisemitismus.

Nun konnte die Lehre von Marx, die diese Dinge ausgelassen hatte, dazu verwendet werden, sie zu kaschieren, und die alte Heuchelei, in christlichen Zeiten eingeübt, war wieder etabliert. Doch war man schlechter dran als früher; denn wo vorher der gekreuzigte Jude, immerhin ein Gottessohn, gestanden war, stand jetzt ein Götze namens Lebensstandard, Fortschritt, Plan, etc. und wo man das Kreuz getragen hatte, schleppte man jetzt Raketen vorbei.

Kurz und gut: Dieses Riesenreich näherte sich wieder dem Zeitpunkt, wo es, von Waffen und Errungenschaften starrend, an jener zentralen Schwäche tödlich erkranken mußte.

Und Hakel konnte nur hoffen, daß der nächste Heiland kein Jude mehr sein würde.

1980

Im April fuhr ich mit Hakel zum Concordia-Haus, wo im Pen Club die neue „Lynkeus"-Nummer präsentiert wurde, eine Fortsetzung der Zeitschrift, die er nach dem Krieg herausgegeben hatte. Gedichte aus den alten Lynkeus-Nummern wurden vorgetragen, und dann, als wollte es niemals enden, Gedichte von Hakel, von zwei Burgschauspielern deklamiert, für mich eine doppelte Qual, da ich erstens Lyrik-Lesungen nicht leiden kann und da mir zweitens Hakels Verse und Reime, die ich als sein Anhänger doch schätzen müßte, eine Art körperliches Unbehagen zufügen.

Dabei hatte ich das Gefühl, von Hakel, der an der Seite saß, öfters fixiert zu werden, als wollte er prüfen, wie ich auf die Deklamation reagierte.

Peinlich: die Gespenster vom Pen-Club, die Gespenster vom Burgtheater und die alten Vers- und Reimgespenster —: wie sollte da jemals Lebendigkeit und Aktualität von Hakels Denken zum Vorschein kommen? So paradierte er sein ganzes Leben als fahrender Ritter der Poesie, immer nur seine Gedichte vorzeigend, deren Schwächen ihm nur Spott eintrugen.

Wiederholt forderte ich ihn dazu auf, seine Gedanken in essayistischer oder aphoristischer Form niederzulegen. Auch andere rieten ihm dazu. Schließlich war es doch sein Denken, was die wenigen, die noch zu ihm hielten, als seine eigentliche Stärke, ja Genialität erlebten. Er aber lehnte ab und kaprizierte sich auf Gedichte und darstellende Prosa, Formen, in denen, für alle sichtbar, eine pure Unfähigkeit zum Satzbau zutage trat.

Ein Dichter habe das Leben darzustellen, sagte er, und nicht eine Theorie. „Hirn trägt man nicht offen, sondern in der Schale." Theoretische Ausführungen seien, insbesondere in der Gegenwart, nutzlos. Gedanken könnten nur im Tun abgeschlossen werden, das Gehirn könne man nicht herauspräparieren, ohne daß es seine Funktion verlöre, die in der praktischen Lebensführung liege. In der Literatur sei die Tat eben die Dichtung, zu der Gedanken bestenfalls ein Gerüst abgeben könnten, das man nach der Bautätigkeit wieder wegräumt.

Eine imponierende Anschauung. Wenn aber nun die Dichtung mißlingt! Die Gediegenheit des Gerüstes garantiert keineswegs ihr Gelingen, und aus einem mißlungenen Fertigprodukt kann nachträglich das gediegene Gerüst nicht mehr erschlossen werden.

Die meisten Einwände, die er gegen moderne Dichter, „seit sie, nebbich, frei sind", vorbrachte, hielt ich für stichhältig. Meist brächten sie, wie er es formulierte, „Metaphern statt Metamorphosen", die Gedichte seien beliebig variierbar, man könne streichen, ergänzen, abändern ad libitum, weil kein verbindliches Muster vorhanden sei. Sie enthielten Schnörkel, Verbrämungen, Ausflüchte, snobistische Geheimnistuerei, nicht nachvollziehbare Esoterik, bestünden aus Bilderkaskaden, in denen „immer mehr unverständliche Vokabeln Intelligenz vortäuschen". Auch in den Gedichten müsse, nach Lessing, ein in der Zeit liegender Vorgang dargestellt sein, der es dem Leser erlaube, dem Ganzen zu folgen. Ein „geniales" Herumschweifen in Assoziationen, vom Makrokosmos zum Mikrokosmos oder dergleichen, erzeuge formlose Gebilde, bestenfalls mit spektakulären Details. Kunstwerke seien fürs Publikum bestimmt und nicht dazu da, private Phantasmagorien zu spiegeln. Sie müßten so naiv und verständlich sein, daß jeder Zuhörer oder Leser, auch wenn er bei weitem nicht alle Implikationen begreift, das Vorgetragene auf der ersten Ebene ohne Schwierigkeiten verstehen kann. Im Gegensatz zur heute beliebten esoterischen Lyrik müsse das Gedicht auf den ersten Blick verständlich sein, und dann erst bei genauerer Betrachtung immer rätselhafter werden. Esoterische Dichtung dagegen sei auf den ersten Blick unverständlich, und man könne dann bestenfalls nach langer Rätselauflösung einen Sinn herausziehen. Das sei verkehrt. Auch das Leben sei auf den ersten Blick verständlich und werde bei genauerem Hinsehen immer unverständlicher.

1981

Hakels Wohnung am Eisenstadtplatz, wo ich öfters logierte, stand seit Jahren leer, halb verstaubt, halb von den Nachbarn noch gepflegt, die hier Verschiedenes abstellten und im Winter ihre Blumen hielten. Zwischen dem unfreundlichen Mobiliar und den aufgestapelten Büchern, die von ihrem Anordner nicht mehr benützt wurden, fühlte man sich von einer aufgegebenen Existenz befremdet. Von Mal zu Mal präsentierte sich diese Wohnung staubiger und verwitterter: seit der Zeit, da Hakel die Treppen nicht mehr bewältigte, war sie ein aufgegebener Lebensbezirk, der dem Tag entgegendämmerte, da man den alten Plunder ausräumen und nach dem Maler rufen würde. Der Abreißkalender in der Küche zeigte seit langem ein ganz vergilbtes Datumsblatt „2. September, Freitag" aus einem verflossenen Jahr. Vielleicht hatte seine Mutter einst diesen Kalender benützt und einen „1. September" als letztes Blatt heruntergerissen — vor ihrem letzten Flug nach Israel.

Im Kleiderkasten fand ich eine von Motten völlig zerfressene Hose, auch eine zerfallende Jacke, unheimliche Klitterungen vermodernder Fasern: was dem ehemaligen Träger vorausgeht in die Auflösung. Er kann nicht mehr zurück zu seinen Sachen, hat sie aufgegeben, Kleidungsstücke, Schuhe, Taschen, Manuskripte, Bücher. So hat er auch die Reste begonnener Werke zurückgelassen, mit deren Seitenzahlen er einst in seiner Phantasie spielte, hunderte von Seiten, tausende, und jetzt verstreute Trümmer auf zerfallenden Papieren.

Seine historischen Überlegungen, die ich in einer Mappe von Aufzeichnungen wiederfand, bedeuten nichts weniger als einen Umsturz aller verbreiteten Geschichtstheorien, und zwar, wie mir scheint, einen gerechtfertigten Umsturz.

Die Griechen erscheinen hier als ein zwar hochbegabtes, aber doch von seinen Ursprüngen abtrünniges Volk, das fremde Kulturen und Religionen beraubte und eine letzten Endes unverdauliche Beute an sich brachte. Ein Raubvolk, das staunend vor der Verfeinerung der minoischen Welt stand, die es sich schließlich geschickt zu assimilieren trachtete, und dann Jahrhunderte später, nach einem letzten irrsinnigen Raubzug, bei dem es ganz Asien verschlucken wollte, an Übersättigung mit fremden Substanzen und Giften zugrunde ging.

„Sehr unruhige Menschen; sie rauben von den anderen alles: Kunst und Wissenschaften. Die mitgebrachte Religion wird sehr bald ironisiert, ein Spiel; statt ihrer: übernommene Götter, Lehren, Helden (Dionysos u. a.): vielfach ohne Verständnis für das übernommene Gut. Die Plastik der Ägypter wird, weil kein ursprünglicher Wille dazu da war, sehr bald an der ‚Wirklichkeit' (Realismus) orientiert. Ebenso die Vasenmalerei der Kreter. Erst primitive Nachahmung (wie später bei den Germanen das Hellenisch-Römische); bald nackter, geheimnisloser Realismus. Da sie aber für Europa und für die Römer vor diesem die einzigen Mittler viel älterer und ursprünglicher Leistungen waren, galten sie und gelten bis heute bei vielen: als Urheber, Schöpfer der von ihnen beraubten, adaptierten ‚alten Welt'."

Das Übernehmen fremder Kulturen war für Hakel immer gleichbedeutend mit der Aufgabe des eigenen Ursprungs, ein Verrat am Geheimnis der Kindschaft und Herkunft, der sich in allen Fällen rächen muß. Wenn die Griechen vor den fremden Raubgütern wenigstens noch staunten, so erwiesen sich die Römer als völlig skrupellos und profan: „Sie gaben ihre ursprüngliche Primitivität auf, übernahmen das Griechische — so schon etwas aus zweiter Hand. Dieses wird aber nicht, wie noch bei den Griechen, assimiliert, sondern einfach als ‚Technik' praktiziert: Philosophien und Weltanschauungen nur mehr als Lehrstoff für ein paar Gebildete; wichtig ist nur die ‚Physik', die man im Straßenbau, — die Rhetorik, die man als Jus verwenden kann, — bei völliger Aufgabe der Ursprünglichkeit. Die Griechen staunten noch über die ‚alte Welt', sie nützten sie nicht nur aus; die Römer staunten nicht mehr, sie nützten nur mehr aus, d. h. eroberten, beuteten sie aus. Die Geschichte Roms: ein Kampf um die Beute, ohne Hintergrund, ohne Geheimnis... Die jüdische Religion hat man eingeführt, wie vieles andere: zur ‚Auswahl', für die römischen Bürger; aber schon vorher haben die Griechen, die nicht mehr ein und aus wußten, sie vom Judentum übernommen, sie, wie alles vorher, sich assimiliert: die letzte griechische Leistung: uraltes Mittelmeergut in Griechisches verwandelnd. Diese Religion nun und die römische Zivilisation passen zu den hereinströmenden (und als Polizei und Söldner beschäftigten) Germanen wie die Faust aufs Aug. Die Germanen übernehmen also gleichzeitig zwei sich völlig widersprechende, sagen wir, Kulturen: die hellenisch-römische Zivilisation, die völlig unreligiös ist (nur eine Technik) und eine ursprüngliche Religion, die von hochintellektuellen Griechen in ihre Vorstellungswelt übersetzt worden war."

1987, Oktober

Unser letztes Gespräch drehte sich um Kafka, weil ich ihm diesen Dichter immer entgegenhielt, wenn er behauptete, einem Juden sei es unmöglich, deutsch zu schreiben, ohne zu brillieren, zu forcieren oder sich in Witzen und Wortspielen zu ergehen. Nachdem er früher, bei aller Bewunderung, die verschiedensten Einwände gegen Kafka erhoben hatte, schien er sich nun mit ihm versöhnt zu haben. Er meinte, Kafka müsse seinen eigenen Körper ständig mit Ekel erlebt und betrachtet haben. Kafka, so sagte er, sei für einen repräsentativen Meister des 20. Jahrhunderts verrückt genug gewesen. Er selbst, Hakel, sei bei weitem nicht verrückt genug gewesen.

Die Aggressivität Hakels hatte schließlich abgenommen. Er brachte keine Angriffe mehr gegen mich vor. Er weigerte sich stets, von seiner Krankheit zu reden und lenkte auf allgemeine Themen ab. Alles Unpersönliche behandelte er jetzt mit souveräner Ruhe und Ironie. Betrachtete man dabei sein Gesicht, so spürte man, daß er bei der Behandlung allgemeiner Themen die äußerste Sicherheit und Kompetenz erreicht hatte.

Manchmal stieg in sein weißes abgemagertes Gesicht ein Hauch von Farbe. Beim Abschied merkte man an gewissen Gesten und Blicken, daß er die Möglichkeit eines letzten Abschieds erwog.

Als wir uns jedoch am 10. Oktober 1987 zum letzten Mal die Hände schüttelten, dachte wohl keiner von uns beiden an diese Möglichkeit. Es schien ihm besser zu gehen, und er hatte sogar neue Pläne für die Zukunft gefaßt.

MARTIN KESSEL

*Geboren 1901 in Plauen/Vogtland.
Studium (Germanistik, Philosophie, Musik- u. Kunstwissenschaft)
und Doktorat.
Schriftsteller.
Lebt in Berlin.*

(Aus dem Brief an Hermann Hakel vom 14. Juli 1955)

Ich habe Ihre Gedichte *) mit großem Interesse gelesen. Es gefällt mir, daß sie nicht aus lauter Artistik bestehen, sondern daß überall ein menschlicher, ansprechender Ton mitschwingt, und dann finde ich auch charakteristisch, daß Sie sowohl zum Lied und zum Balladesken als auch zum konzentriert-lakonischen Spruch ein echtes Verhältnis haben. Unter den kurzen Sachen sind richtige Gemmen (Daphne) und unter den anderen kommt auch die Musik zu ihrem Recht, in Einklang mit Phantasie und Wort (Wolken usw.).

Nun, Lyrik ist eine heikle Sache, sie ist sehr vielfältig. Wilhelm Busch gehört schließlich auch dazu, so gut wie Trakl, entscheidend ist doch aber die Art der Bewältigung, ich meine der Ausgleich von Gehalt, Diktion, Wesen und Form. Hier wird immer ganz schön gesündigt, auch gibt es modische Stile, allerlei Sprachspielereien und anderes. Ich fand immer, daß bei einem guten Gedicht etwas mehr dasteht als Sprache. Sprache, das versteht sich von selbst, auch wenn es das Schwerste ist. Ich habe den Eindruck, daß wir uns in diesem Punkt treffen, wenigstens annähernd, ich meine in dem Mangel an Selbstinszenierung und im Wunsch nach Exaktheit. Ich notierte mir einmal: etwas mehr Horaz könnte der zeitgenössischen Lyrik nicht schaden. Insofern freut es mich, Ihre Bekanntschaft gemacht zu haben.

... Ich muß immer den Kopf schütteln, wenn ich mir die vielen Gespräche, Diskussionen und Redereien anhöre. Schließlich spricht eine Dichtung für sich, und wenn sie nicht da ist, ist sie mit Gerede auch nicht herbeizuhexen. Wie sagen Sie doch: „Sinn? Nein, Sinn hat es keinen, aber doch wohl einen Grund." — Es gibt auch Zeiten der Brache, sogar Jahrhunderte. Einen Grund wird es wohl haben, und da hat es keinen Sinn, von einer Distel, die ja auch reizvoll sein kann, Orangen zu fordern.

---

*) Gedichtband „Hier und dort" (Verlag Kurt Desch)

Ampfelwang, Sommer 1948.
Hakel, Csokor, Grüner (v. l.).

Weinstube in der Sezession, ca. 1950.
Hakel (2.v.l.) mit Alfred Hrdlicka und Georg Eisler.

Hakel mit Ehefrau Erika Danneberg in einem Wiener Praterlokal, 1953.

P.E.N.-Kongreß, Wien 1955.
Franz Kießling, Max Mell und Hermann Hakel (v. l.).

Foto: Winkler

Hakel (r.) mit Reinhard Federmann.

ANDREAS OKOPENKO

Geboren 1930 in Kaschau (Slowakei).
Studium (Chemie).
Industrieangesteller, Lektor, Herausgeber und Schriftsteller.
Lebt in Wien.

(Aus: „DIE SCHWIERIGEN ANFÄNGE ÖSTERREICHISCHER PROGRESSIV-LITERATUR NACH 1945", abgedruckt in „protokolle", 2/75, Verlag Jugend & Volk)

Zur allgemeinen literarischen Lage nach dem Zweiten Weltkrieg: In meiner Sicht gliedern sich die Phänomene dieser Zeit nicht nach Geburtsjahrgängen, sondern nach quasi geologischen Formationen des Auftretens. Die erste Formation war unmittelbar nach dem Krieg da und sammelte sich um einige wenige Publikationszentren. 1945 stellten die jungen Autoren Erika Danneberg und Walter Toman die Hochschulanthologie „Das tägliche Bemühen" zusammen. Ab Oktober 1945 gab Otto Basil mit einem wechselnden Redaktionsstab, u. a. Felmayer, dem Celan-Freund Edgar Jené, dem Pädagogen und Dichter Ernst Jirgal, dem Kunstkritiker Muschik usf., die Monatsschrift „Plan" heraus. Diese höchst wichtige Zeitschrift existierte bis 1948 und bot nicht nur den dringenden Nachholunterricht in zeitgenössischer Kultur des In- und Auslands, sondern ermöglichte auch jungen Schriftstellern die oft erstmalige Publikation. Ich nenne: Aichinger, Busta, Celan, Dor, Eisenreich, Federmann, Ferra, Fried, Lebert, Mayröcker und Toman. 1948 erschien dann — nach nur ganz wenigen anderen sporadischen Publikationsmöglichkeiten für junge Autoren — die Lyrikanthologie „Die Sammlung", herausgegeben von Hans M. Löw, mit Beiträgen mancher junger Plan-Autoren und zum Beispiel Franz Kießling. Wichtig war 1948 die Nachwuchsaktion des Österreichischen PEN-Clubs unter Hermann Hakel. Hakel entdeckte u. a. Ingeborg Bachmann, Gerhard Fritsch, Marlen Haushofer und bewirkte Nachwuchsspalten in der Tages- und Parteienpresse. Hakel sammelte einen Kreis um sich, zum Teil aus Plan-Autoren. 1948/49 gab Hakel die Zeitschrift „Lynkeus" heraus, mit Ausländern, Emigranten und wieder: jungen Plan-Hakel-Autoren. Hier starteten unter anderem Jeannie Ebner und Hertha Kräftner. 1949/50 verlief sich der Hakel-Kreis dann, teilweise ging er zu dem zweiten bedeutenden Jugendförderer Hans Weigel über, der jetzt im berühmten Café Raimund seine Haupttätigkeit entfaltete. Zum Unterschied vom halblinken Hakel war Weigel, wie wir wissen, stark antikommunistisch orientiert, und der Übertritt der Hakelianer zu dem Konkurrenten Weigel paßt mehr oder minder zufällig gut in das damalige Bild des Kulturbetriebs, der die Verschärfung des kalten Krieges insofern spiegelte, als die überparteiliche Zusammenarbeit der allerersten

Nachkriegsjahre einer strengen Spaltung in Ost und West wich, und die Autorenschaft sah fast eindeutig nach dem Westen.

+

Seit September 1951 machte sich eine neue Formation bei den „Neuen Wegen" bemerkbar. Den Anstoß hatten die „publikationen" gegeben: Ein dort veröffentlichtes Gedicht Polakovics' fiel Hakel auf, und der zog im Frühjahr 1951 den Autor in seinen Kreis. Dieser „Zweite Hakelkreis" bestand vermutlich von 1951 bis 1958, einheitliches Phänomen mit wechselnder Besetzung. In der Periode des Zweiten Kreises entfaltete Hakel anscheinend eine Suggestivkraft, die auf die Jünger ungleich stärker wirkte als jene der PEN-Club-Zeit, oder waren die Jünger der PEN-Club-Zeit einfach robuster oder besseren Gewissens; jetzt jedenfalls waren die Hakel-Seancen eine Art Gehirnwäsche, an deren Ende man sich klein und schädlich vorkam, das Schreiben aufgab oder bereit war, irgendeinen großen Bruder zu lieben. Dieser große Bruder war freilich nicht Stalin, sondern eine Projektion Hakels gegen die Milchstraße, mit Zügen Moses', Dantes, Goethes, voll Kafkascher Richterstrenge für die schwerbegreifliche Schuld des Ichseins und Modischseins strafend.

Über Häußlers Redakteur Polakovics gewann Hakel — in einer Zeit erlöschender Arbeitskreis-Funktion — Einfluß auf die Gestaltung der „Neuen Wege". In einem mächtigen Infiltrationsprozeß wurden, besonders nach unserem Exodus aus der Zeitschrift, auf Jahre hinaus die Stimmen des Hakelschen Kreises und Sympathiebereichs Kennzeichen und Vorbild dort. Diese Infiltration brachte keine sozialrevolutionäre, geschweige denn kommunistische Welle, wenngleich einige junge Autoren von Matejka kamen oder sich (außerhalb der Spalten) zum Kommunismus bekannten und im Hakelkreis eine gegen die Westtrift verzornte Stimmung herrschte.

Allerdings glich die Zeitschrift ein wenig jenen maullahmen Gebilden, wie sie n a c h Sozialrevolutionen vorkommen mögen. Der „Surrealismus", das Alogische, die individuelle Marotte waren verbannt; das Allgemeinverbindliche, Humanistische wurde an den Haaren herbeigezogen. Viel übrig hatte man für „zeitlose" Reflexionen ums Menschsein. Daneben gedieh ein fader „Sozialrealismus", verwaschen, ohne ersichtliche societas, ohne realistischen Blick; ohne Dreinhauen; loyal, als ob die Erlösung schon stattgefunden hätte, muffig, als ob sie noch ausstände: der Bettler war arm, der Arbeiter gut, der Alltag stickig und rührend, das Denken finster, das Zeugen brav; die Langeweile, die den Autor ankotzte, war ein Verdienst. Oben liebte man das strenggeformte, langatmige Gedicht in konservativen Tönen; die Masse aber pflegte einen Abklatsch von Brechts freier Rhythmik. Nicht fehlten Gag und Schnoddrigkeit, auch nicht blauhäutiger Ästhetizismus, wohl aber gewagte Überraschung, elegante Intelligenz. Erstmals wurde der Kotau vor den bisher verkleinerten Vätern gemacht.

Die Linie schrieb Haß gegen den Formalismus vor, gegen die Moden der Hintergründigkeit, Dunkelheit und Mythik (so wurden Bachmann und alle Kafkanesen verabscheut), gegen die müd sich gebärdende Hirnaristokratie im Schlepptau Benns (zirka 1951 bis 1955, in Österreich fast nur durch Lienhard und Pötzlberger vertreten). Dennoch schlich sich über den Traditionalismus einiges Ästhetentum und über Polakovics' angeborene Schwärze einiges Unheimliche ein.

Überhaupt war die Zeitschrift nicht hundertprozentig auf Linie. Im Erwachsenenteil hatte Jirgal unverändert seine Rubrik. In Einführungsaufsätzen demonstrierte Polakovics meisterlich und ziemlich weitherzig große Literatur. Nichthakelianer der früheren Formationen kamen, wenn auch nicht mit verpönten Strebungen, zu Wort. Entdeckt wurden, ohne in die Hakelsphäre einzugehen, interessante Potenzen wie Eichner, Enengl, Hilling und vor allem Jandl. Auch Fink, Klinger und Zand gehören, wenngleich in den „Neuen Wegen" nicht debütierend, der Ära dieser Formation an. In Hakels Einflußbereich kam nach und nach eine Menge junger Autoren (eine Zeitlang leitete Hakel ein Studio für das schriftstellerische Handwerk), daneben hielten ihm einige ältere die Treue; von „Alten" und Neuentdeckten seines Kaders sind zu nennen: Amanshauser, Buchebner, Danneberg, Dienel, Wolfgang Fischer, Gerstl, Gong, Horn, Haushofer, Kießling, Lebert, Polakovics, Röder, Schanovsky, Valenčak. Auch unter diesen Autoren waren manche, deren Texte in den damaligen „Neuen Wegen" nicht einfach als Gleichschaltungsprodukte abgetan werden können.

+

Anfang 1957 glaubte Polakovics, von Artmann bis zu einem gewissen Grad für das „Moderne" umgestimmt, der neuen Situation gerecht werden zu müssen, und ließ im Mai eine Bombe platzen: ein „Neue-Wege"-Heft mit experimentellen Beiträgen von Jandl,

Kein und Rühm. Das Heft entfesselte in schulnahen Kreisen Entrüstung und führte, nachdem noch eines mit Artmann, Jandl und Kein gefolgt war, zum Bruch Polakovics' mit den „Neuen Wegen" und Hakel.

HEINRICH LEOPOLD

Geboren 1937 in Wien.
Studium (Rechts- u. Staatswissenschaft, Philosophie)
und Doktorat.
Industriegeschäftsführer.
Lebt in Wien.

In den mittleren 50er Jahren besuchte ich einige Semester lang wöchentlich das „Autorenstudio" des Hermann Hakel. Unsere 10—20köpfige Runde, die da regelmäßig am Freitagabend in die Urania pilgerte, interessierte die geschichtsträchtige Gegenwart (Staatsvertrag, Wiederaufbau usw. nicht sehr — wir waren mehr mit Geschichten beschäftigt: wie erzählt man sie kunstgerecht, wie kann man Schreiben zu einem Beruf machen, wie als Schriftsteller erfolgreich und berühmt werden?

Denn Autoren wollten wir alle werden, dieser bunt zusammengewürfelte Haufen von verschiedensten Berufstätigen und Studierenden, gesprenkelt mit Hausfrauen, Arbeitslosen und Pensionisten. Nur waren wir noch keine, von bereits rühmlichen Ausnahmen abgesehen, sondern Tastende, Suchende, Übende. Und, um historisch getreu zu sein, die wenigsten von damals sind professionelle Autoren geworden.

So hätte das damalige „Autorenstudio" besser „Autorenversuchsstudio" heißen können, das nur e i n e n Vollblutautor in seiner Mitte hatte: Hermann Hakel selbst. Aber ich will auch nicht wieder zu dünn auftragen, natürlich waren Namen dabei, die in die österreichische Literatur eingegangen sind — die kannten wir mehr vom Hörensagen als vom Sehensprechen. Die waren die wirklichen Autoren, die saßen zuhause oder waren unterwegs für eine Redaktion oder zu einem Verlag. Die trafen sich auch lieber im kleineren Kreis oder privat mit Hermann Hakel, wie die schon damals prominente Ingeborg Bachmann.

Damit wird auch das Einmalige von Hermann Hakels Autorenstudio evident: Jeder konnte sich einschreiben lassen und kommen, wann er wollte — ich glaube, Hermann Hakel hätte in seiner grenzenlosen Aufnahmebereitschaft auch Analphabeten zugelassen. Ein derart „offener Arbeitskreis" ohne Vorkenntnisse und Vorbereitungen war damals einmalig in ganz Wien, auch zum großen Nachwuchsförderer Hans Weigel konnte man nur individuell und mit fertigen Gesellenstücken vordringen.

Was zog also diese bunt zusammengewürfelte Schar von Nochnicht- und Möchte-gern-Autoren zu Hakels Urania-Abenden? Sicher in erster Linie die unumstrittene gemeinsame Liebe zum Wort, zum Buch, zum Schöpferischen — aber es war noch mehr. Erst heute ist mir bewußt, wie unverstanden ich mich damals als Werksstudent fühlte, mit meiner Leidenschaft zur Literatur, und wie einsam. Ich war nicht der einzige, viele von uns übten bereits einen „bürgerlichen" Beruf aus oder lernten darauf zu, für den Fall, doch kein zweiter Balzac oder Tolstoi zu werden.

Was uns noch magnetischer unter die Kuppel der Urania zog, war die offene Tür, und dahinter Licht und Geborgenheit beim menschlichen Kamin Hermann Hakel, an dem wir unsere Isolation und Frustration auftauen konnten.

Nicht, daß er uns allzu oft zu Worte kommen ließ: meist erzählte und philosophierte Hermann Hakel vor uns hin über Gott und die Welt, Goethe und Schiller, Proust und Joyce, Montaigne und Valéry, Rilke, aber auch über den Dämon in Mörike, die Groteske bei Emily Dickinson, die Blasorchesterhaftigkeit bei Richard Wagner (seine einzige musikalische Allergie), die relative „Humanität" im italienischen Juden-KZ und so weiter — und alles plastisch, pointiert, leicht belustigt oder abgeklärt, und immer bar jeder Aggression oder jedes Ressentiments.

Da hörten wir ihm lieber zu.

Wozu hätte ich mir auch dichterische Ergüsse der Tischnachbarn anhören sollen, wenn allein Hermann Hakels Lesetips viel interessanter waren? In meinen kargen Notizen aus dem Jahre 1955 finde ich seine 12 Bücher der Weltliteratur, die er uns unbedingt nahelegte:

Dante: Divina Comedia
Boccacchio: Dekamerone
Cervantes: Don Quixote
Montaigne: Essais
Pascal: Pensées
Swift: Gullivers Reisen
Goethe: Faust
Tolstoi: Krieg und Frieden
Flaubert: Bouvard und Pécuchet
Stendhal: Rot und Schwarz
Gogol: Der Mantel
Andersen: Märchen

Inzwischen sind 33 Jahre vergangen, und ich muß feststellen, daß ich noch immer nicht alle gelesen habe.

Wir erhielten auch literarische Hausaufgaben, und einige von uns haben sie sogar gemacht. Aber die meisten waren zu individuell, um sich methodisch schulen zu lassen — und Hermann Hakel fehlte jegliches Autoritäre. Disziplin übte er nur gegen sich selbst aus, etwa in der lebenslangen Niederschrift seiner Träume.

An Hermann Hakel lag es sicherlich nicht, wenn wir keine vollausgebildeten Autoren wurden. Ich finde seine präzisen Anweisungen in meiner Niederschrift vom 12. Oktober 1955:

Schulung des Gedächtnisses (mindestens 10 Minuten pro Tag)

1) Übung der Erinnerung: „Die zeichenhaften" Erinnerungen, die von unserem gegenwärtigen Leben schon „abgesetzt" sind, an denen unser Hirn schon künstlerische Arbeit leistete, Bild auf Bild senkrecht aufschreiben!
2) Erzählung: Ein kurz vergangenes Geschehen, das sich eingeprägt hat, schildern!
3) Reizwortaufgabe: Worte sollen Erinnerungen auslösen (spiegelverkehrt zur ersten Aufgabe)!
4) Reportage: Diese ist im Augenblick zu schreiben, nicht in der Erinnerung!

So lauschten wir am liebsten und bequemsten seinen Erzählungen, Zitaten, Rezitationen, Thesen und Hypothesen, vorgetragen von seiner gepflegten, harmonischen Stimme, die in paradoxem Kontrast zu seinen körperlichen Gebrechen stand. Er hat sich über diese übrigens selbst lustig gemacht, über den „Krüppel", der damals noch nicht das heutige Sozialprestige des „Behinderten" hatte. Sobald er zu sprechen begann, traten alle Unzulänglichkeiten an ihm und an uns in den Hintergrund: die noch kleine Freiheit, die das Großdeutsche Reich hinterlassen hatte — die „Untermiete", in der die meisten von uns hausten — die schlechte Kleidung und der Geldmangel, der vielen nur einen kleinen Braunen im Kaffeehaus nachher übrigließ — das Scheusein, die Introvertiertheit, das Erbe der Eltern-Angst, die uns in die eigenen Träume einschlossen.

Über die Person Hermann Hakels und sein Leben vermag ich nicht viel mehr Erinnerungshältiges heraufzufördern, viele kannten ihn besser und länger, ich habe ihn viel später nur noch einmal in der „Alten Schmiede" lesen gehört.

Darum habe ich über die damalige Atmosphäre des warmerleuchteten kleinen Saales in der Wiener Urania geschrieben, über unsere nachkriegsgeprägte Jugend und weit zurückliegende Gegenwart, daß — er sich darin spiegelt.

RICHARD KOVACEVIC

Geboren 1930 in Baden b. Wien.
Erzieher, Bibliothekar und Schriftsteller.
Lebt in Wien.

1953 hatte ich einige Kurzgeschichten geschrieben und verschickte sie an verschiedene Zeitschriften. Unter diesen war auch „Die Schau", eine kurzlebige Kulturzeitschrift des Österreichischen Gewerkschaftsbundes. Deren Literatur-Redakteur, Hermann Hakel, lud mich ein, ihn zu besuchen. Er wohnte in Gersthof, in der Schindlergasse.

Hakel litt damals an Gastritis. Er empfing mich im Schlafrock, mit einem Thermophor auf dem Bauch. Auf dem Tisch neben der Couch, auf den Stühlen und auf dem Boden, überall lagen Stöße von Büchern, Manuskripten, Zeitschriften und geöffneter Korrespondenz. Die Wände des Zimmers waren, bis zur Decke hinauf, gleichsam austapeziert mit Büchern.

Von Literatur war zuerst gar nicht die Rede. Hakel erkundigte sich nach meiner Familie und ließ sich erzählen, wie ich auf die Idee gekommen war, zu schreiben. Ich habe später immer wieder festgestellt, wie groß jedesmal sein Interesse an den persönlichen Verhältnissen der Leute war, die er kennenlernte.

Erst nach einer Weile vertiefte er sich in die Manuskripte, die ich mitgebracht hatte. Ich war von Anfang an fasziniert von seiner Art, einen Text zu lesen. Er las ganz langsam, Wort für Wort, als sei er mit einer mühsamen Entzifferung beschäftigt, dabei drückte sein Gesicht eine Anspannung aus, als löse die Lektüre in ihm eine Sturzflut von Gedanken aus.

Dann gab er mir die Manuskripte zurück mit der Bemerkung, ich hätte zweifellos viel Hemingway gelesen; das war das erste von vielen Urteilen, die ich später noch von ihm hörte, und niemand wußte besser als ich, daß es richtig war.

Zu der Zeit, als ich ihn kennenlernte, war Hakel noch Vorstandsmitglied im Pen-Club. Mit einer Aktion „Der Pen-Club stellt vor" hatte er junge Autoren bekannt gemacht, darunter Ingeborg Bachmann, Reinhard Federmann, Gerhard Fritsch und viele andere. Nun hatte er die Idee, in der Wiener Urania ein „Autorenstudio" abzuhalten. Er war immer neugierig auf junge Leute, wollte wissen, was sie in diesem Jahrzehnt nach Hitler dachten und zu sagen hatten. Schon bei meinem ersten Besuch sprach er ausführlich von seiner Überzeugung, daß Schreiben, bis zu einem gewissen Grad, erlernbar sei. Er ging dabei von der sinnlichen Wahrnehmung aus, man müsse das, was man niederschreibe, „sehen, hören, riechen oder schmecken", da es nur in diesem Fall zu der gewünschten Intensität des Ausdrucks kommen könne.

Er war der Meinung, daß ein gut geschriebener Satz für jeden verständlich sein müsse. Dabei war er in seinen Beurteilungen, seinen Vorlieben und Abneigungen, apodiktisch und zu keinerlei Konzessionen bereit. Ich erinnere mich da an einen Vortrag in der Urania, in dessen Verlauf Hakel in der ihm eigenen gnadenlosen, manchmal geradezu beleidigenden Art Hesse und Weinheber kritisierte. Damit erregte er den Unwillen eines jungen Zuhörers, der schließlich aufsprang und mit den Worten: „Sie... Sie Goethe aus der Novaragassen!" den Saal verließ. Dazu muß man wissen, daß Hakel eine Vorliebe sowohl für Goethe — über dessen „Faust" er sich allerdings gerne lustig machte — als auch für die Novaragasse in der Leopoldstadt hatte, wo er aufgewachsen ist und seine Jugend verbracht hat.

Jahrzehnte später, zu Hakels 70. Geburtstag, erschienen zahlreiche Gratulanten in der Babenbergerstraße, wo er damals wohnte. Darunter auch Roman Rocek vom ORF. Und im Verlauf des Nachmittags erzählte er mir, daß er, in seiner Jugend ein Verehrer Hesses, damals in der Urania diese Verbindung von Goethe und Novaragasse hergestellt hatte.

+

Zwei Jahre lang besuchte ich dann Hakel fast jede Woche in der Schindlergasse. Das waren aber eigentlich keine Besuche, eher so etwas wie private Unterrichtsstunden in Deutsch, Literaturgeschichte, Politik und Philosophie, vorgetragen von einem, der für jedes Thema die übergeordneten Zusammenhänge suchte und fand.

Ich bin Jahrgang 1930. Die meisten der Leute, die in den Fünfziger und Sechziger Jahren bei Hakel anzutreffen waren, gehörten ungefähr der gleichen Generation an. 1938 waren wir Kinder, bestenfalls Jugendliche gewesen, die Kriegs- und Nachkriegsjahre hatten jeden in irgendeiner Weise geformt. Was Bücher betraf, hatten wir einen enormen Nachholbedarf. Die meisten Autoren, die nun auf den Markt kamen, waren uns unbekannt, den größten Teil der Literatur von der Jahrhundertwende bis zum Zweiten Weltkrieg hatten wir nicht einmal dem Namen nach kennengelernt.

Nach jedem Besuch in der Schindlergasse ging ich mit einem Konvolut von Büchern nach Hause. Die Vielfältigkeit dessen, was ich damals las, zeigte deutlich die Mängel einer Gymnasialbildung, die nicht viel mehr als ein steriles Bild von Schiller und

Goethe vermittelt hatte. Hakel gab mir Lukian, Sueton, Montaigne, Swift, Joyce, Musil, Polgar, Kafka und viele andere, jeder Band wurde seinerseits von „einleitenden Worten" begleitet, die oft Stunden in Anspruch nahmen, da sie nicht nur aus einer ausführlichen Biographie des jeweiligen Autors bestanden, sondern sich auch mit den diffizilsten Stilfragen auseinandersetzten. Erträglich waren diese monströsen Monologe nur infolge der Brillanz, mit der sie vorgetragen wurden, so daß es immer ein Vergnügen war, zuzuhören.

Aber nicht nur Hakels immenses Wissen und seine Fähigkeit, es zu vermitteln, machten den Umgang mit ihm so anziehend. Die Faszination, die vor allem in jenen Jahren von ihm ausging, ist dadurch allein nicht zu erklären. Eine junge Graphikerin sagte mir einmal, Hakel sei der erste „Erwachsene" gewesen, der auf ihre weitgehend privaten Probleme eingegangen sei und eine Sprache gesprochen habe, die für sie verständlich gewesen sei. Tatsächlich waren unsere Verhältnisse und Schwierigkeiten für ihn immer von primärem Interesse. Das war etwas, das wir bei Leuten seiner Generation nicht oft antrafen. Er hatte aber nichts Lehrerhaftes an sich. Er war — womit er sich auch gerne verglich — so etwas wie ein Rabbi. Und wenn einer von uns, was oft genug vorkam, kein Geld hatte, bekam er keine literarischen Ezzes, sondern Essen und Trinken.

Was die Gespräche betrifft, so waren es eigentlich keine; Hakel beim Reden zu unterbrechen, war einfach unmöglich. Ich weiß bis heute nicht, ob er sich seiner Dominanz in dieser Hinsicht eigentlich bewußt war. Oft klagte er über die Unfähigkeit seiner Gesprächspartner, sich auszudrücken, ohne zu berücksichtigen, daß die ja gar nicht dazu kamen.

Trotzdem hatte der Vorwurf, den er uns machte — er sagte, wir hätten alle unter Hitler das Reden verlernt — seine Berechtigung.

Ich erinnere mich da an den Abend in der Schindlergasse, an dem ich Walter Buchebner kennengelernt habe. Hakel sprach damals über die Unmöglichkeit, unsere Zeit in einem Roman darzustellen. In der Reportage hingegen sah er neue Möglichkeiten. Nachher gingen Buchebner und ich vom achtzehnten Bezirk zu Fuß zur Stadtbahnstation. Das ist ein Weg von ungefähr einer dreiviertel Stunde. Und die ganze Zeit redeten wir kein Wort miteinander. Erst vor der Stadtbahnstation, wo wir uns trennten, sagte einer zum anderen: „Auf Wiedersehen...".

Von Oktober 1955 bis März 1956 wohnte ich bei Hakel in der Schindlergasse. Erika, seine Frau, war bereits in München, wohin er ihr im Dezember folgte. Änderungen seiner gewohnten Lebensweise haben ihn immer sehr aufgeregt, und in den zwei Monaten vor seiner Abreise nach München litt er besonders arg an Gastritis. Meistens konnte er nachts nicht schlafen, ging unruhig in der Wohnung herum, trank schluckweise warme Milch und redete über die verschiedensten Dinge, die ihm gerade durch den Kopf gingen.

So lobte er zum Beispiel Schopenhauers Stil und sah in ihm einen ausgezeichneten Schriftsteller. Die Aphorismen und Essays über Gesellschaft, Dichtung und Natur las er immer wieder gern, aber mit dem „Satz vom zureichenden Grunde" etwa oder der „Freiheit des Willens" wußte er nichts anzufangen. Das war ihm zu abstrakt.

An Freud gefiel ihm die Art, wie er Szenen und Begebenheiten beschrieb, auch hier sah er vor allem die schriftstellerische Begabung, aber für die Theorien der Psychoanalyse hatte er nichts übrig. Es nütze ihm nichts, sagte er, wenn er die Herkunft seiner Neurosen entdecken und ihnen Namen gebe könne, das führe zu gar nichts. Auch mit Freuds Traumdeutung war er nicht einverstanden; er hatte sich tatsächlich viele Jahre mit seinen Träumen beschäftigt und sah im Traum auch im späten Alter noch ein ungelöstes Rätsel, aber die Ergebnisse, zu denen Freud gekommen war, nahm er nicht an.

Bei schönem Wetter, und wenn er sich halbwegs gesund fühlte, ging Hakel damals gern spazieren. Diese Spaziergänge bedeuteten ihm sehr viel, infolge seiner Behinderung — er hatte einen kürzeren Fuß — waren es für ihn so etwas wie touristische Unternehmungen, und von jedem dieser Ausflüge brachte er eine Fülle von Eindrücken zurück, schilderte Menschen, denen er begegnet war, und Szenen, die er gesehen hatte, und war voller Impressionen, die er meistens unmittelbar nach dem Spaziergang niederschrieb. Aus manchen wurden später Gedichte.

Im Dezember fuhr er dann nach München. In den Monaten vorher hatte er die Anthologie „Wien von A—Z" herausgegeben und sollte nun in München bei einem Verlag arbeiten. Es war das einzigemal, daß er die Absicht hatte, ein Dienstverhältnis einzugehen, aber schon seinen ersten Briefen konnte man entnehmen, daß er sich nicht wohl fühlte.

Man mußte das allerdings eher erraten, denn über seine privaten Probleme äußerte er sich nicht gern. Dagegen beriet er mich, als ich die Möglichkeit bekam, als Erzieher in einem Heim für Schwererziehbare zu arbeiten. Ich schrieb ihm davon, und Hakel antwortete mit einem sehr ausführlichen Brief. Er meinte, daß der Kontakt zu jungen Menschen für einen der schreibt nur von Vorteil sein kann, weil es seine Erfahrungswelt ungemein erweitert, und außerdem entkäme ich durch eine solche Tätigkeit der Gefahr, Dinge schreiben zu müssen, die ich gar nicht wolle.

Das war im Februar 1956. Im März begann ich als Erzieher zu arbeiten und Hakel kehrte nach Wien zurück. Wie zu erwarten gewesen war, hatte er die Hektik des Verlagsbetriebs nicht lange ausgehalten.

+

Ich weiß nicht, wie oft Hakel die Wohnung gewechselt hat, und kann daher nicht sagen, ob er in dieser Hinsicht ein ernsthafter Konkurrent von Beethoven gewesen ist. Ich war dabei, wie er von der Schindlergasse nach Baden übersiedelt ist, und von dort weiter nach Hirtenberg und dann nach Unter-Lanzendorf, wieder zurück nach Wien, und zwar in die Schweglerstraße, die Prinz-Eugen-Straße, die Böckhstraße, auf den Eisenstadtplatz, wo er eine kleine Gemeindewohnung bekam, und schließlich in die Babenbergerstraße. Die Akteure, also die Helfer bei diesen Umzügen, kamen zum Großteil aus der literarischen Szene, — Walter Buchebner, Franz Kiessling, Reinhard Federmann, Gerhard Amanshauser —, aber auch die Malerei war mehrmals vertreten, zum Beispiel durch Rudolf Schönwald. Dadurch war bei jeder dieser Aktionen von vornherein für einen gewissen Dilettantismus gesorgt. Die Masse an Büchern und Manuskripten bildete jedesmal ein Problem. Die eigentliche Schwierigkeit war aber ihr Besitzer. Hakel war in solchen Situationen von einer unbeherrschten Nervosität befallen, die zweifellos durch den Anblick unserer laienhaften Transportmethoden noch gesteigert wurde. Darüber hinaus hatte er die Gewohnheit, immer wieder dieses oder jenes Buch in die Hand zu nehmen, darin zu blättern, vorzulesen und literarhistorische, meist sarkastische Theorien und Bonmots von sich zu geben. Diese aus dem Augenblick geborenen Aphorismen waren meist sehr unterhaltsam, sorgten aber für ungemeine Verzögerungen.

Eine solche Übersiedlung ist es zum Beispiel gewesen, der ich meine Bekanntschaft mit Rimbaud verdanke; inmitten eines chaotischen Durcheinanders von leeren, halbvollen und vollen Kisten und Koffern rezitierte nämlich Hakel mit großer Emphase „Das trunkene Schiff" und „Die Läusesucherinnen".

Ich erinnere mich auch an eine Übersiedlung, an der auch Franz Kiessling, der einige wunderbare Gedichte geschrieben und sich später zu Tode getrunken hat, teilnahm. Er suchte damals Material für eine Anthologie von Marien-Gedichten. Ich weiß nicht mehr, für welchen Verlag, und ich weiß auch nicht, ob diese Anthologie jemals erschienen ist oder nicht. Auf jeden Fall war Hakels Interesse an Lyrik augenblicklich geweckt, sein profundes Wissen auf diesem Gebiet war ja erstaunlich. Ad hoc nannte er zahlreiche Autoren und Titel, die das Marien-Thema behandelten, stöberte und suchte in den Haufen von Büchern, bis es später Nachmittag geworden war und der für den Transport bestellte Lastwagen vor der Tür stand. Die Sache mußte auf den nächsten Nachmittag verschoben werden, aber Kiessling hätte aus den nun vorhandenen Gedichten zwei Anthologien gestalten können.

+

Nach seiner Scheidung, 1958, hatte Hakel die Absicht, nach Italien zu übersiedeln. Er bekam für ein Jahr einen Platz am Österreichischen Kulturinstitut in Rom und hoffte, nach dieser Zeit weiter dort bleiben zu können. Er hat immer für Italien und die Italiener geschwärmt. Er hatte die Kriegsjahre in einem italienischen KZ verbracht und dort viele hilfreiche Leute kennengelernt.

Einige Wochen lang transportierten wir fast seine gesamte Bibliothek ins Dorotheum; seine Bibliophilie brachte es aber mit sich, daß er einen Teil des Erlöses noch am selben Tag im Auktionssaal für günstig zu ersteigernde Konvolute ausgab.

Unmittelbar nach der Scheidung war es ihm gesundheitlich miserabel gegangen. Aber von dem Tag an, da er den Termin seiner Abfahrt wußte, erholte er sich deutlich. Die Bronchitis besserte sich und die Anfälle von Angina pectoris hörten auf.

Zwei Tage vor seiner Abfahrt fuhren wir dann mit einem Taxi stundenlang kreuz und quer durch Wien. Er zeigte mir die von ihm so geliebten Praterwiesen, die Cafehäuser, in denen er seine ersten Gedichte geschrieben hatte, und vor allem die Novaragasse, wo wir das Taxi warten ließen und das Haus aufsuchten, in dem er gewohnt hatte. In diesem Haus war er zur Welt gekommen, seine Mutter hatte ihn, wie er erzählte, auf dem Wohn-

zimmertisch geboren. Er war immer irgendwie gerührt, wenn er von seiner Mutter sprach, an diesem Nachmittag aber kam die Abschiedsstimmung dazu. Er hatte genug von Wien.
Auf der Weiterfahrt im Taxi war er wieder gelöst, sprach von seiner Vorliebe für Verdis Musik und trällerte etliche von dessen Arien, wenn sie auch nicht immer gleich als solche zu erkennen waren, vor sich hin.
Zwei Tage später brachte ich ihn zum Bahnhof. Federmann war mit seiner Frau gekommen. Im Bahnhofsrestaurant, nach dem Mittagessen, nahmen wir Abschied. Ich hatte aber eigentlich nicht das Gefühl, daß er tatsächlich nicht mehr zurückkommen würde.

+

Ein Jahr später war er wieder in Wien. Ich glaube aber nicht, daß es ihm an der Möglichkeit gefehlt hätte, in Italien zu bleiben. Er war auch mehrmals in Israel, wo seine Schwester und seine Mutter lebten, und er hätte dort bleiben können. Aber er kam immer wieder nach Wien zurück, obwohl seine Ansichten über diese Stadt und ihre Bewohner, an deren Verhalten im 38er Jahr er sich zu gut erinnerte, immer zynischer und bösartiger wurden. Trotzdem kam er nicht los. Er war hier nicht nur geboren und aufgewachsen, viel mehr machte es aus, daß er abhängig war von der Sprache, in der er zu reden und zu schreiben gewohnt war. Sicherlich repräsentierte er den nahezu ausgestorbenen Typus des Wiener Intellektuellen jüdischer Herkunft. Sein Wissen auf dem Gebiet der Viennensia war erstaunlich und in den folgenden Jahren saßen wir oft in der Nationalbibliothek und suchten alte Texte. Hakel gab drei Anthologien heraus, „Dur und Mollert", „Wienärrische Welt" und „Wigl Wogl". Außerdem eine Sammlung von Nestroy-Couplets, eine Daniel Spitzer-Auswahl und „Richard der Einzige", die schönsten Satiren über Richard Wagner. Zu dritt, mit Kolovic, schrieben wir eine zehnteilige szenische Folge für den Rundfunk über Wiener Witzblätter. Daneben erschien noch eine von Hakel ausgewählte Anthologie jüdischer Geschichten aus aller Welt.
Er residierte damals im Cafe Hawelka. Jeden Montagabend war derselbe Tisch für ihn reserviert. Dort empfing er die Literaten und Graphiker und begutachtete die Beiträge, die sie für die oben erwähnten Anthologien, die ja bis in die Gegenwart reichten, lieferten. Es war nicht einfach, für ihn zu arbeiten. Er hatte von allem eine fixe Vorstellung und war gewohnt, zu sagen, was ihm

nicht paßte. Seine Einwände waren für die Betroffenen immer sehr deprimierend, aber er hatte überhaupt kein Verständnis dafür, wenn jemand beleidigt reagierte. Oft saßen wir bis Mitternacht, die Leute am Tisch wechselten mehrmals, aber Hakels rhetorische Potenz erschöpfte sich nicht. Manchmal fuhren wir nachher mit Bertrand Alfred Egger, der einen Volkswagen besaß, um zwei Uhr früh vom Hawelka hinauf auf den Kahlenberg, um den Caféhausmief loszuwerden.

1978 starb Hakels Mutter. Schon als sie erkrankte, fuhr er nach Israel und kehrte erst unmittelbar nach ihrem Tod nach Wien zurück.

Er zog sich jetzt immer deutlicher aus der Öffentlichkeit zurück. Er schrieb nichts Neues mehr, arbeitete aber täglich an seinen alten Gedichten. An Veröffentlichungen war er nicht mehr interessiert. Der moderne Kulturbetrieb, wie er ihn vor sich sah, war ihm ekelhaft. Für ihn befand sich alles in Auflösung. Dazu kam, daß sein Verhältnis zu den Künstlern, und hier besonders zu den Literaten, immer ein sehr zwiespältiges gewesen war; er war ja eigentlich nur in diesen Kreisen, in dieser Atmosphäre zu Hause, es war sein Milieu, aber er hat oft davon gesprochen, wie schwer es ihm immer schon gefallen sei, die Eitelkeit, den Egoismus und den Größenwahn der kleinen und großen Dichter auszuhalten. Seiner Meinung nach werden Kunst und Künstler heutzutage überschätzt. Er vertrug es nicht und lästerte immer wieder dagegen, daß Romane und Bilder als Transportmittel für Weltanschauungen verwendet werden und aus diesem Grund zu einem Marktwert kommen, der ihrem Gehalt nicht entspricht.

Aber er empfing gerne Besuche, junge Leute, zumeist Studenten, die ihn wegen ihrer Dissertationen befragten, über Musil, Anton Kuh, Nestroy, Jean Améry. Sein Intellekt machte den Alterungsprozeß des Körpers nicht mit und seine Vitalität, was das Reden betrifft, war ungebrochen. Der ihm eigene Zynismus — von dem übrigens im privaten Bereich nichts zu spüren war — kam ihm nicht so schnell abhanden. Manchmal ging das Temperament mit ihm durch, so bei einem Besucher, der von Klaus Mann schwärmte, gegen den — wie auch gegen dessen Onkel Heinrich — Hakel eine unüberwindliche Abneigung hatte; in diesem Fall kam es zu einem verbalen Hinauswurf.

Je älter er wurde, desto intensiver wurden Hakels Erinnerungen an die Vernichtung der Juden in der Nazi-Zeit. In früheren Jahren hatte er wenig davon gesprochen, aber nun erzählte er oft von Leuten, die er gekannt hatte und die in den KZs umgekommen waren. Gleichzeitig beschäftigte er sich gedanklich immer mehr mit der österreichisch-ungarischen Monarchie, obwohl diese ja nur in den ersten sieben Jahren seines Lebens für ihn präsent gewesen war. Er sah darin, trotz aller Schwächen, die letzte feste Form in Politik und Gesellschaft.

Diese Entwicklung war für mich faszinierend. Schließlich konnte ich mich an die erste Zeit unserer Bekanntschaft erinnern, als Hakel mich auf Tucholsky und auf die von Peter Huchel redigierte DDR-Zeitschrift „Sinn und Form" hingewiesen hatte. Damals hatte auch jemand in einem Gespräch zu ihm gesagt: „Sie sind ja ein Linker!" — und Hakel hatte geantwortet: „Ich bin linker als links...!"

Natürlich war diese Antwort als Bonmot zu werten, denn zu politischen Parteien oder auch nur Richtungen hatte Hakel nie auch nur die geringste Beziehung.

Allerdings stellte er schon damals die nicht näher detaillierte Behauptung auf, — und davon ist er meines Wissens bis zu seinem Tod nicht abgegangen, — daß ein Mensch ohne Religion nicht leben könne.

+

Bei schönem Wetter gingen wir jeden Samstag Vormittag von der Babenberger Straße hinüber in den Burggarten, den Hakel, trotz seiner Umbenennung im Jahr 1919, hartnäckig „Kaisergarten" nannte, saßen in der Sonne und genossen die zuweilen kabarettreifen Auftritte der zahllosen Ausländer, die den Mozart auf seinem steinernen Sockel fotografierten und filmten. Bei italienischen Reisegruppen kam Hakel gleich mit den Leuten ins Gespräch. Es war ihm rätselhaft, warum Italiener nach Österreich auf Urlaub fahren, und er hoffte immer wieder, allerdings umsonst, daß ihm einer der Touristen diese Frage beantworten würde.

1979 hatte Hakel mit der Herausgabe des „Lynkeus" begonnen, einer Zeitschrift für „Dichtung-Kunst-Kritik", die schon 1948, zwei Jahre lang, erschienen war. Der „Lynkeus" war nun, da er in diesem Zusammenhang viele Manuskripte junger Autoren zugeschickt bekam, seine letzte Beziehung zur Gegenwartsliteratur. Nach einem kurzen Spitalsaufenthalt verließ er kaum mehr die Wohnung. Hatte er mich vor vielen Jahren mit Büchern versorgt, so war es jetzt umgekehrt. Jede Woche brachte ich ihm aus der

Bücherei einige Bände, denn er war genau so ein intensiver Leser wie Redner. Seine diesbezüglichen Interessen hatten sich aber merklich gewandelt. Früher hatte er besonders gern Gedichte gelesen, nun aber bevorzugte er Biographien. Natürlich war er ein ungeduldiger Leser, vieles legte er weg, ehe er es recht begonnen hatte, aber mit manchem beschäftigte er sich eingehend, so zum Beispiel mit Bronsons Joseph-Roth-Biographie und Hemmings Emile-Zola-Chronik. Wegen seiner Augenschwäche konnte er nur mehr bei Tageslicht lesen. Abends provozierte ihn die Stupidität des Fernsehprogramms zu despektierlichen Äußerungen über Ministergesichter und die Einfallslosigkeit deutscher Kriminalfilme, die vielen „ääh . . .", mit denen Professoren ihre wissenschaftlichen Vorträge zu würzen pflegen, oder die Art, wie man zum Beispiel heute klassische Theaterstücke „revitalisiert".

Acht Tage vor seinem Tod begann Hakel an Atemnot zu leiden. Niemand nahm seinen Zustand allzu ernst; er war sein Leben lang krank gewesen und so wie er sich an die Anfälle gewöhnt hatte, fanden auch seine Freunde und Bekannten keinen rechten Grund zur Besorgnis. Am 20. Dezember, als ich ihn besuchte, ging es ihm schlecht, aber er war dadurch nicht irritiert, sondern erregte sich über einen Artikel im „Spiegel".

Das ist das letztemal gewesen, daß ich Hermann Hakel gesehen und mit ihm gesprochen habe. In der Nacht vom 24. auf den 25. Dezember 1987 ist er gestorben. Neben seinem Bett lag eines der Bibliotheksbücher, in dem er zuletzt gelesen hatte. Es war Dürrenmatts „Stoffe".

Irgendwann, in einem Gespräch, hat er zu irgendwem gesagt: „Die einzige Kunst, die es gibt, ist die Kunst zu leben . . .".

JOHANN GUNERT

Geboren 1903 in Mödritz b. Brünn.
Professor tit.
Journalist, Volksbildner, Bibliothekar und Schriftsteller.
Gestorben 1982 in Wien.

(Aus dem Brief an Hermann Hakel vom 26. Feber 1956)

Also war Dein Entschluß, nach Deutschland zu übersiedeln, doch mehr als ein Wunsch, und Du bist kurz nach Deinem Besuch bei mir auf und davon gegangen. Als Dein Brief kam, war ich von Deiner Mitteilung und über die Tatsache, daß wieder Grenzen zwischen uns liegen, sehr betroffen und betrübt, und ich mußte eben deshalb so viel Zeit verstreichen lassen, um mich an den Gedanken und die Veränderung erst zu gewöhnen. In diesem Jahre 1956 ist unsere Freundschaft zwanzig Jahre alt. Denkst Du daran? Ich habe Deinen in den letzten Monaten geäußerten Wunsch, Dir Deine in Österreich aussichtslose Lage zu verändern, sehr gut verstanden, denn bei Deiner geistigen Unruhe und Beweglichkeit und Deiner Qualität als Künstler wie auch bei Deinem Trieb, öffentlich zu wirken, wäre es eine Sünde gegen Dich selbst, in Österreich zu resignieren und zu stagnieren. Also anerkenne ich Deine Handlungsweise, der Heimat den Rücken zu kehren, so sehr mir das Abfinden mit dieser Tatsache schwer fällt. Die Hauptsache ist, daß drüben Deine Erwartungen in Erfüllung gehen werden und Dein Aufgabenkreis sich bald erweitere. Ich freue mich, von Dir zu erfahren, daß Du bereits eine Vortragsserie an Volkshochschulen und im Rundfunk starten konntest, und mit Erika vereint, so viel verdienst, daß Euch das tägliche Leben mit seinen Problemen nicht zur Hemmung oder Gefahr wird. Nun ich das weiß, bin ich etwas ruhiger in der Schau auf Deine Zukunft. Deine Phantasie und Erfindungsgabe, Deine Gescheitheit, werden Dir leicht alle Türen öffnen, denn in Deutschland fürchtet man diese Gottesgaben nicht und nicht so rasch den Konkurrenten, weil das Betätigungsfeld ein Vielfaches dessen an Größe ist, was Österreich bieten kann, und weil man drüben die wirklich schöpferischen Geister zu suchen und zu benützen scheint.

Wohl Dir!

Hier bei uns ist alles beim alten, in der Öffentlichkeit und in den Clubs. Daneben blühen Nepotismus, Neid und Intrige. Es gibt zu viele in Sachen der Kunst auf dem zu engen Territorium. Keiner, der fortgeht, wird betrauert oder vermißt, und geht mehr als einem ab, und wer gestorben ist, ist einen Tag später endgültig vergessen.

Die Generalversammlung des PEN ist auf Anfang April verschoben worden. Unser Freund Csokor ist zwar krank, aber immer noch aktiv im Schreiben und beim Reisen. Carry Hauser lebt anstrengend und doch unbedenklich. Felix Braun, der ewigalte Jüngling hat als erster den Adalbert-Stifter-Preis erhalten und war vor kurzem in London. Martina Wied, von allen möglichen Krankheiten geplagt, schreibt Theaterstücke, Gedichte und Romane, und Rudi Felmayer fühlt sich wohl.

HERMANN SCHREIBER

Geboren 1920 in Wiener Neustadt.
Studium(Germanistik,Kunstwissenschaft,Philosophie,Geschichte)
und Doktorat.
Professor tit.
Schriftsteller und Verleger.
Lebt in München.

Uns zwei Hermänner verband eine nicht sehr intensive, aber durch vierzig Jahre bruchlos durchgehaltene Freundschaft, an der auch mein verstorbener lieber Freund Federmann und meine zweite Frau mitgebaut haben.

An die erste Begegnung erinnere ich mich sehr genau. Sie fand in der schönen Altwiener Wohnung von Philipp von Zeska statt, der damals gelegentlich zu kleinen Empfängen bat. Ich schrieb zu jener Zeit viel über französische Literatur, die man in Österreich nach 1945 erst wieder neu kennenlernen mußte, und Hakel kam mit der Bemerkung auf mich zu, daß er in Israel aus österreichischen Zeitschriften der verschiedensten Richtungen den Eindruck gewonnen habe, ich sei einer der ganz wenigen Kritiker, die in jedem Medium willkommen und wirklich ungebunden seien.

Die nächste Runde, in der wir zusammentrafen, hatte mit meiner Tätigkeit als Chefredakteur des Wochenbulletins GEISTIGES FRANKREICH zu tun. Ein kleiner Kreis französischer Germanisten, überwiegend junge Leute, berichtete von der literarischen Situation in Paris, und einer der Herren sagte, ein österreichischer Autor, der in der Art Kafkas schreibe, könnte sofort mit einer Übersetzung seiner Werke ins Französische rechnen. Man schwieg, keiner wollte sich diesem Vergleich stellen, nur Hakel meldete sich und verwies auf seine Kurzprosa. Ob daraus dann tatsächlich ein französischer Hakel-Sammelband wurde, vermag ich nicht zu sagen.

Seit dem Januar 1956 lebte ich mit einer jungen deutschen Buchhändlerin, die ich in Paris kennengelernt hatte und die ich im Sommer 1959 heiratete. Dieses sehr schöne und auf eine besondere Weise anziehende weibliche Wesen wuchs so schnell und vollständig in meine Wiener Freundschaften mit Federmann, mit Gerhard und Bärbel Fritsch und Friedl Hofbauer hinein, daß diese alten Beziehungen durch sie nun eine neue Note gewannen. Und Hakel, der für schöne Frauen ja stets etwas übrig hatte, war natürlich erst recht entflammt. Wir wohnten damals in Baden bei Wien und hatten unser erstes Mini-Auto, Hakel lebte in Hirtenberg. Ich erinnere mich an einen Besuch mit Sicherheit, es müssen aber mehrere gewesen sein, denn wir betreuten damals auch noch den armselig lebenden und immerzu für die Lade schreibenden Herbert Hessler in Berndorf, einen Jugendfreund von Hermann Broch. Es war eine seltsame und doch irgendwie zusammenpassende Welt, Hessler, der sich auf seinem Spirituskocher primitivste Speisen zubereitete, unser mitunter nur auf zwei von vier Zylindern laufender Renault und die ein wenig absurde Villa in der Verbannung, in der Hermann Hakel Hof hielt und in der Förderung der österreichischen Jung-Autoren mit Hans Weigel rivalisierte. Und je schlechter mich Hans Weigel behandelte, desto wohler fühlte ich mich bei Hakel.

1960 übersiedelten wir dann nach Augsburg, eine Riesenpleite, weil ich der laienhaften Annahme verfallen gewesen war, in der Stadt mit viel Tradition und 200.000 Einwohnern müßte ein geistiges Leben doch mindestens nach Grazer Zuschnitt herrschen. Das Gegenteil war der Fall, St. Pölten wäre gegen Augsburg ein Capua der Geister gewesen, und wir waren an Lech und Wertach für jeden Besuch aus Wien herzlich dankbar. Platz hatten wir, eine Riesenwohnung, in der uns nicht nur das Ehepaar Fritsch die Ehre gab, sondern sogar Fritz Habeck und nach abenteuerlicher Anreise auch Hermann Hakel. Selbst nach 1962, in München, kam Hakel noch zu uns, er hatte ja bei Kindler eine seiner schönsten und wichtigsten Arbeiten, die Anthologie DIE BIBEL IM DEUTSCHEN GEDICHT. Auch auf den Buchmessen in Frankfurt traf man sich beinahe alljährlich. Es ging ihm schon nicht mehr sehr gut, er humpelte kurzsichtig und doch neugierig durch das Gewühl, und wenn ich ihn so sah, dann erschien mir auf einmal das stille Exil in Hirtenberg noch als eine goldene Epoche — vergleichsweise. Federmann lebte damals in München, in unserer nächsten Nähe; wir versuchten, in München-Schwabing ein wenig von dem am Leben zu erhalten, was uns allen in Wien, noch ehe wir als Autoren bekannt wurden und verdienten, so wohlgetan hatte. Es gelang mir, Vasovec zu Schneekluth zu bringen und unsere liebe Marlen Haushofer zu Claassen; wir reisten mit ihr und ihrem Mann an den Gardasee, als die Todeskrankheit sie schon gezeichnet hatte, und erlebten gleichsam als Kontrapunkt Hermann Hakels langsam deutlicher werdende Hinfälligkeit, gegen die sein Verstand und seine ungebrochene Kreativität eindrucksvoll ankämpften.

Nach den Toden von Fritsch und später von Federmann wurde dies alles ganz leise; es war nicht mehr fröhlich, Wien wiederzubegegnen, und Hakel saß bei uns nachdenklich-schnaufend in seinem Fauteuil und rang nach Worten. Auch Herbert Hessler war gestorben, elend in einem Armenspital Niederösterreichs zugrundegegangen, meine emsige Korrespondenz mit Bürgermeistern und Krankenkassen hatte aus der Ferne zu nichts wirklich Nützlichem führen können. Hakel wurde die beinahe einzige

Brücke nach Wien für uns beide, für die charmante Preußin an meiner Seite und den verpflanzten Wiener, und als Hakel selbst nicht mehr reisen konnte, kamen wenigstens seine Lynkeus-Hefte.

Ich verstehe von Lyrik zu wenig, um seine literarische Leistung wirklich würdigen zu können; aber was mir vom ersten Augenblick an auffiel, war seine Kenntnis der Bücherwelt, die er sich, von den Judaika ausgehend, Schritt für Schritt erobert hatte (Karl Ziak, der seinen Vater kannte, hat uns das wiederholt geschildert). Hakel war neben allem anderen auch ein mit unzweifelhaftem Ingenium ausgestatteter Germanist, vergleichender Literaturwissenschaftler, Übersetzer. Was man in einem einzigen Leben tun konnte, er hat es für den Geist und die Wortkunst getan.

Wien, Wurstelprater, 1979. Richard und Ilse Kovacevic, Emmerich Kolovic, Gerhard Amanshauser und Hakel (v. l.).

LYNKEUS-Präsentation, im P.E.N.-Club, 1980.
Mit Burgschauspieler Fritz Lehmann.

Foto: A. Bellingrath

Überreichung der Ehrenmedaille der Stadt Wien in Silber durch
Kulturstadtrat Zilk, 1980.
Hilde Spiel (l. i. H.) und **Hans Flesch-Brunnigen** (neben Hakel).

Foto: Pressedienst d. Stadt Wien

Hakels 70. Geburtstag, Wien, Babenbergerstraße, 1981.
Hakel mit Cousin Rudolf Weitz (2. v. l.) und anderen Verwandten.

Bruder Arnold, Hakel, Judith Por-Kalbeck u. Florian Kalbeck (v. l.).

HANS HEINZ HAHNL

Geboren 1923 in Oberndorf.
Studium (Philosophie) und Doktorat.
Kulturredakteur und Schriftsteller.
Lebt in Wien.

(Einführende Worte zur Präsentation der Zeitschrift „Lynkeus" durch den österreichischen P.E.N.-Club am 10. April 1980 im Presseclub Concordia.)

Als ich vor einiger Zeit dafür plädierte, Hermann Hakel endlich den längst fälligen Preis, irgendeinen, zu geben, wurde mir mitgeteilt, er produziere nichts mehr. Das ist natürlich kein Argument, denn ein Lyriker, dessen Gedichte sich dreißig, vierzig Jahre gehalten haben, ist ja wesentlich mehr wert als einer, der die Moden von gestern reproduziert. Aber der neue „Lynkeus" straft seine Kritiker Lügen. Ich verstehe ja, daß sie ihn nicht wollen. Denn er ist meilenweit von ihnen entfernt. Er ist, ob sie ihn nun mögen oder nicht mögen, ein Solostück, ein Eigener, ihn können sie kaum mit jemand vergleichen, während die anderen im Dutzend zu haben sind, die einen billiger, die anderen ein wenig teurer, besser oder nicht so gut. Hermann Hakel kommt aus einer geistigen Tradition, die Individualitäten entwickelt hat.

Der neue „Lynkeus" regt die Erinnerung an den alten „Lynkeus" an. Wie war das also, als Hermann Hakel sich der jungen Autoren annahm, als man sich in seinen ständig wechselnden Untermietwohnungen traf. Die erste, in der ich ihn besuchte, war, wenn ich mich recht erinnere, im dritten Bezirk in der Nähe des Schwarzenbergplatzes. Ich habe eine vage Erinnerung an die Bachmann, die sich sehr ätherisch gegeben hat. Und dann waren wir in der Josefstadt, das weiß ich genau, denn da lief die Tochter des Wohnungsbesitzers ahnungslos durch die Dichterrunde nackt aus dem Bad auf den Gang, und dann war es draußen in Währing, und viele Jahre lang in der Stumpergasse in Mariahilf. Es wäre eine reizvolle Aufgabe für einen künftigen Literaturhistoriker, Hermann Hakels Dichtertreffpunkte aufzuspüren und zu erkunden, wer dabei war.

In Mariahilf habe ich auch noch die ehrwürdige Martina Wied bei ihm kennengelernt. Sie sah mich prüfend und keineswegs überzeugt an und taute erst ein wenig auf, als ich eine dichtende Jugendfreundin von ihr kannte, die heute ebenso vergessen ist wie sie. Ich erwähne diese Begegnung absichtlich, um zu zeigen, daß sich da jung und alt getroffen hat, die Tradition und die damals noch schüchterne Revolution, wie das ja auch in den zwei neuen Heften seiner Zeitschrift ersichtlich ist: er überbrückt da spielend die Jahrtausende mit seiner lebendigen literarischen Erlebniskraft.

Am alten „Lynkeus" habe ich mitgearbeitet. Ich stehe sogar im Impressum, habe ich nun entdeckt. Ich habe da Prosa von mir gefunden, die ich längst vergessen hatte. Es sind sieben Hefte, zwei davon hektographiert. Ich habe da einmal auch etwas über Berthold Viertel geschrieben, das Viertel überhaupt nicht gefallen hat, wiewohl es sehr verehrungsvoll gemeint war, aber man soll eben nicht verehren. Auch einen klugen Dichter kann man nie genug loben. Man hält es nicht für möglich, was einer da verträgt. Es gibt da eine zusätzliche Pointe: der „Lynkeus" ist in der Strafanstalt Stein gedruckt worden, was niemand wissen durfte, was aber die Herausgabe finanziell überhaupt erst möglich machte. „Lynkeus" war eine wichtige Publikationsgrundlage für viele Autoren. Ebenso wichtig aber waren die Zusammenkünfte mit Hakel. Seine Gegenwart, seine Zwischenbemerkungen haben den Verstand geschärft, die Polemik zugespitzt. Diese Streitgespräche gehen mir ab. Wir waren häufig uneinig und sind wohl deshalb lebenslang Freunde geblieben, die die winzigste literarische Anspielung des anderen verstehen. Man kann mit niemand so gut über Literatur reden wie mit Hermann Hakel.

Hakel ist ein Literaturmensch, Literat möchte ich nicht sagen, das meint einen Literaturbetriebsamen, und Hakel ist eher ein Literaturstiller, ein Mann, der für die Literatur, vielleicht auch von der Literatur lebt, der schreibt und liest, der an Literatur glaubt, wie heftig immer er sie bezweifeln mag. Ich habe in meinem Leben keinen zweiten Büchermenschen, Literaturmenschen wie Hakel getroffen, keinen, der so gut zu lesen verstand, der so viele Kenntnisse hatte wie er, ein so unbestechliches Urteil, und der trotzdem die Literatur niemals akademisch, sondern immer von dem spontanen Erlebnis her beurteilte. Nur, so ungerecht wie er, können andere auch sein, aber mit was für Argumenten, wenn ich sie mit den seinen vergleiche. Jedes seiner literarischen Urteile kommt aus einem schöpferischen Impuls. Für ihn ist Literatur nichts Unverbindliches; wenn man mit ihm über Bücher spricht, dann erfährt man, wie gefährlich das ist, wie leicht man sich in dieser Literatur verirren kann, daß das etwas für den ganzen Kopf und das ganze Herz ist, etwas, das die Existenz fordert und das erst die Leidenschaft fördert. Hakel hat zeitlebens für die Dichtung gelebt, für seine und für die Dichtung anderer. Äußerlicher Beweis dafür ist seine Zeitschrift. Das ist ja auch eine unverwechselbare Einzigartigkeit, daß einer eine Zeitschrift nach so vielen Jahren noch einmal aufnimmt, in der er sein literari-

sches Weltbild bestätigt, in der er seine Jugend wiederauferstehen läßt, in der er seine Entscheidungen, Urteile prüft, seine Vorstellung von Literatur beglaubigt.
Um zum Ausgangspunkt zurückzukommen: Hakel kann auf die Preise pfeifen. Die sollen sie weiter unter sich verteilen nach hergebrachter Freunderlwirtschaft. Er paßt ja wirklich nicht zu ihnen. Seine Literatur kommt aus einer anderen Zeit und geht in eine andere, weshalb sie nicht weniger von heute ist. Hakel und ich haben uns immer über Karl Kraus gestritten, aber wir waren uns immer einig in seiner Verachtung der offiziellen Literatur.
Einige haben vergessen, was Hakel für die junge österreichische Literatur nach dem Krieg getan hat. Ich wollte das in Erinnerung rufen. Aber ich gebe zu, daß es mir nicht so wichtig ist, wie seine unverwechselbare literarische Persönlichkeit.

+

(Zu Hakels 70. Geburtstag in der „Arbeiter Zeitung" vom 14. August 1981.)
Soeben ist ein Sonderheft der Zeitschrift „Lynkeus" erschienen, das sich Hakel selbst zum Geschenk gemacht hat. Das offizielle Österreich hat sich mit Gratulationen ohnehin zurückgehalten.
An Literaten fehlt es nicht in Wien, Hakel ist einer der wenigen, wenn nicht der letzte literarische Mensch. Mich hat unlängst jemand gefragt, wer in dieser Stadt am meisten von Literatur versteht. Ich habe, ohne zu zögern, seinen Namen genannt. In den letzten Jahren hat er sich zurückgezogen. Seine einzige Verbindung zur Welt ist die Zeitschrift, in der sich seine literarischen Neigungen ausdrücken: Förderung junger Autoren, seine Verbundenheit mit der jüdischen Welt und sein reges Interesse für das alte Wien.
Die heute halbwegs bekannten Autoren kennen Hakel als ihren uneigennützigen Förderer. Es gibt keinen, für den er nichts getan hat. Die einen schätzen ihn als Freund, viele als unruhigen, kritischen Geist, andere als den großen Lyrik-Kenner; überleben wird er uns, dessen bin ich mir schon lange gewiß, als Lyriker. Er hat ein riesiges lyrisches Œuvre, das nur zum Bruchteil veröffentlicht ist. Ich kenne Hakel-Gedichte, die haben nun schon ein halbes Jahrhundert bestanden, während vielberedte, preisgekrönte Verse in einem Jahrzehnt zu Staub zerfallen sind. Vielleicht sind sie so haltbar, weil sie aus dem luftigsten Stoff

gemacht sind, den es gibt, aus Worten, aus Gefühlen, aus Gedanken.

Hakel war wohl niemals modern genug. Dafür ist er auch nicht unmodern geworden. Er hat einmal versucht, in dieser Stadt ein literarisches Leben zu installieren. Er ist gescheitert. In Wien herrschen die literarischen Schlieferl. Da wühlt er lieber in alten Wiener Witzblättern, kramt in Familienerinnerungen oder läßt einen Vers auf der Zunge zergehen.

÷

(Zum Tode Hakels in der „Neuen Arbeiter Zeitung / Wiener Tagblatt" vom 13. Jänner 1988.)

Hermann Hakel ist im Alter von 76 Jahren gestorben. Er war Dichter, Literaturkenner, Zeitschriftenherausgeber, Freund der Dichter. Ein weiser alter Jude mit dem kritischen Temperament eines Jünglings.

Hakel ist zeitlebens von bedeutenden Kollegen bewundert, aber von der literarischen Welt unterschätzt worden. Er hat sich nicht aufgedrängt, er war sich und seiner Sache sicher. Unlängst habe ich in einer alten Zeitschrift einige Gedichte von ihm gefunden. Sie haben nichts von ihrer unmittelbaren Frische eingebüßt. Und er war ein großer Leser, ein Literaturkenner, wie es seinesgleichen heute nicht mehr gibt. Er hat, ohne Rücksicht auf Erfolg, eine literarische Existenz geführt. Er hat das jüdische Gebot befolgt, dem Wort zu leben. Zuletzt war er, von Krankheit gezwungen, ein Einsiedler unter seinen Bücherschätzen geworden. Er war der Hakel, Instanz für eine Verszeile, Instanz für entlegene Zitate, für Autoren aus allen Literaturen, mit einer Liebe für das Jiddische und für das Wienerische. Ich denke, mit ihm ist der letzte Literat, aber auch einer der letzten Wiener Juden gestorben.

HANS RAIMUND

Geboren 1945 in Petzelsdorf b. Purgstall.
Studium (Musik, Germanistik, Anglistik).
Lehrer und Schriftsteller.
Lebt in Duino bei Triest.

> Ich habe mein Leben mit dem Versuch
> verbracht, die Wahrheit zu sagen.
> (Hermann Hakel)
> La verità è una interminabile agonia,
> la morte è la verità di questo mondo.
> Bisogna scegliere: o morire o mentire.
> (Guido Ceronetti)

(Aus Tagebuchaufzeichnungen der Jahre 1981 bis 1988)

1981

Brief von Herrn Emmerich Kolovic. Er ist Redakteur der Literaturzeitschrift LYNKEUS. Der Herausgeber ist Hermann Hakel.

„Ihre Arbeiten, die Sie uns im September zuschickten, gefallen dem Herausgeber sehr gut, insbesondere die Gedichte, (...) und er hätte das eine oder andere bereits in der Oktober-Nummer aufgenommen, doch kamen sie leider ein paar Tage nach Redaktionsschluß. Er möchte Ihre Auswahl gerne behalten und einiges in einem der nächsten Hefte (das allerdings erst 1982 erscheinen wird) bringen. Könnten Sie uns inzwischen einige Daten zu Ihrer Person liefern bzw. verraten, wie Sie auf den LYNKEUS gestoßen sind."

Seit mehr als einem Jahr schreibe ich Gedichte und kurze Erzählungen. Erst vor kurzem habe ich den Mut gefunden, diese Texte an Literaturzeitschriften zu schicken. Von den ungefähr zehn, die ich mit meinen Manuskriptkonvoluten beglückt habe, hat bisher erst eine — dafür aber auch positiv — reagiert: DAS PULT, dessen Herausgeber, Klaus Sandler, ich schon kennengelernt habe. Und jetzt auch der LYNKEUS! Ich habe Hermann Hakel sofort angerufen. Ich werde ihn morgen nachmittag besuchen.

1982/83

Seit einem Jahr besuche ich Hermann Hakel regelmäßig einmal im Monat. Sein Wissen, sein Witz, seine Menschenkenntnis beeindrucken mich tief. Er kann erzählen. Das ist eine Fähigkeit, die ich immer schon bewundert habe, umso mehr, als sie mir, vor allem im Gespräch, fast völlig abgeht. Ich kann ihm stundenlang, sozusagen mit offenem Mund, zuhören, wenn er Geschichten aus seinem Leben erzählt oder über Autoren, die er persönlich gekannt hat und die ich nur dem Namen nach und aus ihren Büchern kenne: Robert Musil, Thomas Mann, Stefan Zweig, Ernst Jünger, die Generation der österreichischen Nachkriegsliteratur...

Seit Anfang des Jahres schreibe ich auch Beiträge für den LYNKEUS. Hakel hat immer präzise Vorstellungen und konkrete Vorschläge, was meine Beiträge betrifft. Die letzte Nummer des LYNKEUS ist Italien gewidmet. Auf seine Anregung hin mache ich den Versuch, Primo Levis Bücher IST DAS EIN MENSCH? und ATEMPAUSE in Auszügen, mit einer Einleitung und verbindenden Texten, vorzustellen. Erst vor kurzem hat Hakel die beiden Bücher Levis gelesen. Er hat sich ohne Einschränkung positiv und respektvoll anerkennend zu ihnen geäußert.

+

Hakel will die Italien-Nummer seines LYNKEUS an Primo Levi in Turin schicken. Er setzt einen Brief auf, den meine Frau ins Italienische übersetzt:

„Mein Freund und Mitarbeiter Hans Raimund hat mir im heurigen Frühling Ihr Buch ATEMPAUSE geschenkt. Später, in Heidelberg, habe ich auch IST DAS EIN MENSCH? gekauft. Seit damals schenke und empfehle ich allen meinen Freunden und Schülern Ihre derart menschlichen Berichte über das sogenannte ‚Unmenschliche'. Sie haben mich auch veranlaßt, die letzte Nummer meiner Zeitschrift LYNKEUS Italien zu widmen. Mein Beitrag KZ AUF ITALIENISCH soll nur den Kontrast zwischen Deutschen und Italienern in der Behandlung der Juden in den verschiedenen Konzentrationslagern andeuten. Von mir ist nur noch zu sagen, daß ich in Wien geboren wurde und, obwohl ziemlich assimiliert, von Kindheit an in Österreich und Deutschland, vor Hitler, unter Hitler und nach Hitler, genötigt war, mich mit ihm und dem deutschen Volk auseinanderzusetzen und daraus meine persönlichen und schriftstellerischen Konsequenzen zu ziehen. Dieses Thema läßt sich aber nicht in einem ersten Brief behandeln. Dazu bedürfte es vieler Gespräche, und ich bin schon zu alt und krank, um Ihnen meine Gedanken dazu mitzuteilen und Ihnen meinen Dank und meine Bewunderung persönlich auszudrücken."

+

Präsentation der Nummer 65/82 der Zeitschrift DAS PULT in der Buchhandlung „Shakespeare & Company". Ich bin für diese Ausgabe als Redakteur verantwortlich. Schwerpunkte sind die Portraits von Günther Anders, der gerade 80 Jahre geworden ist, und von Hermann Hakel: lyrische Texte der beiden Autoren, Aufsätze zum Werk von Anders, ein Gespräch mit Hakel.

Ich bringe Hakel im Auto zur Buchhandlung in der Sterngasse. Er ist in höchst angeregter Stimmung. Viele Leute sind schon da, auch einige der Autoren der im PULT abgedruckten Texte: Hedwig Katscher, Gerald Szyszkowitz, Klaus Sandler, der Fotograf Leo Kandl...

Hakel trägt zwei seiner Gedichte vor: selbstvergessen, spontan aus dem Gedächtnis, in makellosem Hochdeutsch, mit ergreifend singendem Tonfall, vor allem exemplarisch ident als Person mit dem vorgetragenen Text.

Gegen Ende der Veranstaltung wird er ans Telefon gerufen: Günther Anders will ihn sprechen. Es ist ein langes Gespräch. Hakel freut sich über diesen Anruf — das ist zumindest mein Eindruck, als er überraschend hurtig und mit verschmitztem Lächeln wieder unter den Literaturbeflissenen auftaucht.

+

Hakel schenkt mir Primo Levis Dankschreiben:

„Caro Prof. Hakel, ho provato gratitudine e commozione nel leggere le Sue parole sui miei libri, e l'affetuosa e attenta presentazione che ne fa H. Raimund sulla Sua bella rivista. A lei, ed al Prof. Raimund, insieme col mio grazie, gli auguri piu sinceri per un sereno e prospero Nuovo Anno! Suo Primo Levi" *)

+

„Salon" bei Hakel. Mit Musik: Hakel hat, extra für mich, sagt er, den Flügel stimmen lassen, ein gewaltiges braunes Möbel, das seit jeher gute Dienste als Stellage für bestickte Deckerln, Blumenvasen, Obstschüsseln und Fotos im Rahmen geleistet hat. Ob je darauf gespielt wurde?... Anwesend sind ein kleinwüchsiger Musikkritiker namens Schall (er hat noch Else Lasker-Schüler in Israel gekannt, sagt er), eine jugendlich aufgedonnerte, aus Czernowitz gebürtige Jüdin aus Detroit, eine alte Wiener Adelige, deren klangvoller Name mir partout nichts sagt, Dr. Franz Richter, Generalsekretär des österreichischen PEN-Clubs und ein passionierter Hobby-Geiger, der seine Geige mitgebracht hat, ein paar mir Unbekannte, die im Laufe des Nachmittags nicht zu Wort kommen und auch sonst nicht auffallen und Hakels „Buam",

---

*) Lieber Professor Hakel,
ich habe mit Dankbarkeit und Bewegung Ihre Worte über meine Bücher gelesen und auch die liebevolle und eingehende Präsentation durch H. Raimund, die er in Ihrer schönen Zeitschrift gemacht hat. Ihnen und Professor Raimund gemeinsam mit meinem Dank die aufrichtigen Wünsche für ein glückliches und gutes neues Jahr!

Ihr Primo Levi

die beiden getreuen Redakteure Kolovic und Kovacevic, die ich noch immer nicht auseinanderhalten kann. (Mit dem Wort „Buam" — wienerisch breit und betont zärtlich ausgesprochen — benamst Hakel alle diejenigen, die ihm bis heute treu geblieben sind; Amanshauser gehört zu ihnen, Hans Heinz Hahnl war einmal einer...; alle, zumeist, brave „Gojim", wie er sagt, mit Familie und einem „anständigen" bürgerlichen Beruf.) Auf dem Tisch in dem Zimmer, in dem Hakel seine Gäste empfängt, stehen Platten mit Sandwiches und Kuchen (von den Ehefrauen der „Buam" Kolovic und Kovacevic liebevoll vorbereitet), kleine Teller mit Salzgebäck, zwei Doppelliter Wein und eine Flasche Mineralwasser.

Hakel sitzt, behaglich zurückgelehnt, in seinem Fauteuil am Tisch. Er redet. Er raucht. Er gestikuliert, eine Zigarette zwischen den Fingern. Er lacht. Alle hören ihm zu. Er fühlt sich sichtlich wohl. Mir fällt auf, daß er, der sonst virtuos von einem sprachlichen Idiom zum andern wechselt, heute konsequent Hochdeutsch spricht und sich einer höchst gewählten Ausdrucksweise befleißigt: Damen sind anwesend. Wie selten jemand, versteht es Hakel, sich im Gespräch auf sein jeweiliges Gegenüber, sein Publikum, einzustellen. Er beherrscht die Kunst der Unterhaltung, die er auch allein bestreitet. Kaum einer der Anwesenden kommt zu Wort, auch die Damen nicht. Immer wieder höre ich, wie er jemanden mitten im Satz unterbricht: „Schauen Sie, erzählen Sie mir nix, ich kenne das, ich kenne mich da aus..."

Nach einer Stunde kommt Kolovic oder Kovacevic auf mich zu und flüstert mir zu: „Jetzt spielen Sie endlich etwas auf dem Klavier, damit sich der Hermann beim Reden nicht übernimmt und müd wird!" Lustlos, aber doch nervös setze ich mich an den Flügel. Ich spiele zwei Sätze einer frühen Beethoven-Sonate. Hakel läßt sich nicht stören. Er redet weiter, provoziert durch die rhetorisch hilflosen Versuche der Dame aus Detroit, Reagan gegen seine Angriffe in Schutz zu nehmen. Ein paar Kuchen-Kauende und „Gespritzten"-Schlürfende stehen ums Klavier herum, schauen mir neugierig auf die Finger. Im Vorzimmer schrillt das Telefon. Frau Dr. Floch, die Wohnungsbesitzerin, schreit: „Hermann, für dich!" Hakel rappelt sich aus dem Fauteuil hoch, versucht, den gerade angefangenen Satz doch noch zu Ende zu bringen, und humpelt schließlich, mir im Vorbeigehen anerkennend zuzwinkernd, gehorsam zum Telefon. Den dritten Satz der Sonate, ohnehin der technisch anspruchsvollste, erspare ich mir. Ich stehe vom Klavier auf — einer sagt: „sehr schön, sehr schön", ein paar patschen die Hände zusammen — und setze mich in einen Fauteuil, möglichst weit weg vom Flügel. Der Musikkritiker namens Schall setzt sich neben mich. Er fühlt sich bemüßigt, mir seine professionelle Meinung zu meinem Klavierspiel zu sagen.

Hakel ist inzwischen zurückgekommen, auf dem Weg zu seinem Fauteuil den Satz auf der Stelle wieder aufnehmend, wo er ihn abbrechen hat müssen. Die „Buam" gehen von Gast zu Gast und schenken die leeren Gläser voll, die Ehefrauen schneiden die Kuchen auf und bieten sie rundum an. Hakel setzt gerade zu einer vehementen Attacke auf Kreisky an, eine seiner bevorzugten Feindfiguren... Kovacevic findet, daß es wieder an der Zeit sei, Musik zu machen. Diesmal ist Dr. Richter an der Reihe. „Wollen Herr Doktor nicht..., vielleicht der zweite Satz der ‚Frühlingssonate'...?" Richter will nicht. Er geht ans Klavier, drückt die Taste des eingestrichenen „a" nieder. Er schüttelt erleichtert den Kopf: viel zu tief für seine Geige. „Aber ich habe das Klavier doch grad neu stimmen lassen", ruft Hakel. Richter drängt mich ins Nebenzimmer und flüstert mir ins Ohr, er habe eine Rezension meines Buches RITUALE verfaßt, für EX LIBRIS und LITERATUR UND KRITIK. Ich bedanke mich gehörig dafür. Da betritt der Sohn von Kovacevic mit einem Geigenkasten unterm Arm das Zimmer. Richter läßt meine Hand los und stürzt sich auf den Knaben mit der Geige...

+

Hakel will seine Mitarbeiter dafür gewinnen, Kulturnotizen für den LYNKEUS zu schreiben, über Konzerte, Theateraufführungen, Ausstellungen, aber nicht im Jargon der Rezensenten und Kulturberichterstatter sondern in einer ganz persönlichen Sprache und Form, aus einer ganz persönlichen Betroffenheit heraus. Es fehle ihm im LYNKEUS der Bezug zum aktuellen Kulturgeschehen in Wien.

Ich fühle mich, wie so oft, zwar angesprochen, aber nicht kompetent, verspreche aber, wie immer, derartiges zumindest zu versuchen.

+

In der Zeitschriftenschau der FAZ (19. 2. 83) schreibt Josef Quack über die PULT-Nummer mit dem Hakel-Porträt:

„(...) in der neuen Ausgabe der Zeitschrift DAS PULT (Nr. 65) stehen Emigranten im Mittelpunkt: Günther Anders und Hermann

Hakel. (...) Hermann Hakel, der sich als Emigrant, später als Gefangener in Italien aufhielt und nach dem Krieg in der Wiener Literaturszene eine bedeutende Rolle spielte, äußert sich in einem Gespräch über sein Selbstverständnis als Autor: ‚Das Wort ist meine Heimat. Ich hänge mehr am Wort als am Ort. Am deutschen Wort. Das ist schon sehr jüdisch, dieses Am-Wort-Hängen. Der Jude und das Wort, das ist eine sehr enge Angelegenheit. Der Grieche und das Bild. Aber der Jude und das Wort. Dagegen konnte auch Hitler nichts ausrichten. (...)' "

+

Hakel ist gerade aus Heidelberg zurückgekommen, wo er jedes Frühjahr ein paar Wochen bei Freunden verbringt.

Beim Durchblättern der Zeitschrift DIE RAMPE, in der Prosatexte von mir abgedruckt sind — ich „apportiere" ihm immer getreulich jede Zeile von mir, die irgendwo gedruckt erscheint —, läßt er sich, gereizt und süffisant, über die in der Nummer vorgestellte Lyrik aus, ohne sie, versteht sich, überhaupt gelesen zu haben.

Die einzige legitime Motivation für das Schreiben eines Gedichts sei, seiner Meinung nach, nur eine Primärerfahrung. Man dürfe nicht, wie das heutzutage immer häufiger geschehe, aus zehn gelesenen Gedichten ein neues schreiben. Jeder Gedichttext müsse eine persönliche Identitätserfahrung — spielerisch — in Sprache gestalten.

1984

Hakel hält einen Vortrag in der ALTEN SCHMIEDE. Das Thema ist: DER ALTE UND DER NEUE LYNKEUS.

Ich machte dem Leiter des LITERARISCHEN QUARTIERS, Kurt Neumann, schon vor einiger Zeit den Vorschlag, doch einmal Hakel und seine Zeitschrift vorzustellen. Zu meiner Freude griff er den Vorschlag interessiert auf. Bald fixierte er auch einen Termin. Das überraschte mich, hatte doch vor kurzem Franz Richter, der höchst rührige Autor und selbstlose PEN-Literatur-Funktionär, zu mir anläßlich einer meiner Lesungen in der ALTEN SCHMIEDE gesagt: „Ich kann Dich nur beneiden darum, daß Du in der SCHMIEDE lesen darfst. Unsereins kommt dort nie dran. Wir sind halt zu alt."

Nun, Hakel kommt heute dran. Ich hole ihn aus seiner Wohnung Ecke Babenbergerstraße-Ring ab. Er trägt einen Anzug. Sogar eine Krawatte hat er umgebunden. Er hat schon auf mich gewartet. Er ist aufgeregt und ungewohnt schusselig. Sicher ist er schon seit Stunden abmarschbereit. Wir machen uns sofort auf den Weg. In der Trafik kauft er noch Zigaretten. Mühsam, aber geschickt klettert er auf den Beifahrersitz im Auto, und wir fahren in die Schönlaterngasse. Wir sind viel zu früh dort. Kein Mensch ist noch im Vortragsraum. Wie üblich liegt auf einem Tisch im Vorraum Literatur zum Vortrag auf: heute sind es die verschiedenfarbigen Hefte mehrerer Jahrgänge des LYNKEUS. Nach und nach kommen endlich Freunde, Bekannte, Autoren, auch gar nicht wenig junge, unbekannte Leute... Hakel ist beschäftigt: er begrüßt, schüttelt Hände, macht artig Konversation. Um Dreiviertelsieben sind aber fast alle Sessel und auch die Bänke an den Wänden besetzt.

Nach einleitenden Worten Neumanns beginnt Hakel mit seinem Vortrag: er spricht ohne Konzept, frei. Er erzählt einfach die Geschichte seiner Zeitschrift. Vor ihm auf dem Tisch liegen ein paar Hefte des LYNKEUS. Ab und zu greift er nach einem, nimmt, um besser lesen zu können, die Brille ab und liest ein Gedicht oder eine Passage aus einem Prosatext. Er liest auch eines meiner Gedichte. Es gefällt ihm, weil es ganz ohne Metapher auskommt. Ich verstehe das als eine diskrete Geste der Anerkennung und freue mich gehörig darüber. Hakels spontane Lebhaftigkeit beim Reden, sein (für diese Gelegenheit zumindest sich mild-abgeklärt gebärdender) Witz, sein intimes Wissen um die Literatur, quasi plaudernd präsentiert, beeindrucken das Publikum. Man hört ihm aufmerksam zu. Es wird sogar öfters gelacht: beinah wird es warm in dem, trotz Heizung, wie immer ungemütlichkalten Sauna-Ambiente des Vortragsraums.

Jedenfalls plant Neumann für nächstes Jahr, wie er mir gleich nach dem Vortrag sagt, ein Referat Hakels über die jiddische Literatur im LYNKEUS.

+

Sonntagsjause bei Kovacevic mit Hakel, Kolovic und dem Ehepaar Amanshauser. Hakel ignoriert die nach dem gemeinsamen Mittagessen auffallend zungenschwere Doppelliter-Stimmung. („Traurig, traurig", sagt er zu mir am nächsten Tag am Telefon, „bei uns Juden gibt es das nicht.") Angeregt durch eine größere Gruppe von Menschen und angeregt wie immer erzählt er Geschichten über Autoren, die er persönlich gekannt hat: Hermann Unger, Theodor Csokor, Jesse Thor...

Immer wieder kommt er auf meinen bevorstehenden Umzug nach Duino zu sprechen. In Triest habe er sein erstes Meer-Erlebnis gehabt. Stundenlang sei er als Kind am Strand gesessen, in Betrachtung des Kommens und Gehens der Wellen. Diese Bewegung des Wassers sei für ihn noch heute bei weitem faszinierender als die dumme, verlogene Geschwätzigkeit der meisten Menschen, ja sogar schöner als die Poesie selbst.

+

Gespräch über das Schreiben. Die größte Schwierigkeit heute sei es, ein Thema zu finden. Er schlägt mir vor, einen Roman über Billroth zu schreiben. Konstellation: Billroth-Brahms-Wagner-Hanslick-Bruckner... Die Musik im Wien vor der Jahrhundertwende. Die Metamorphose Billroths: aus einem preußischen Antisemiten wird in Wien ein Judenfreund.
Er empfiehlt mir, vorerst einmal die Briefe Billroths zu lesen.

+

Ansichtskarte von Hakel aus Heidelberg: HEIDELBERG IM FRÜHLING:
„Mein Lieber, der umseitige Frühling ist noch immer nicht da, aber immerhin kann ich an sonnigen Tagen auf dem Balkon sitzen und nichts denken... Lassen Sie mich ein bissel was vom literarischen Wiener Kasperl-Theater wissen, ob und was Sie arbeiten, und wie es mit Triest steht... Ich werde Sie sehr vermissen, das merke ich schon hier. Grüßen Sie mir Ihre liebe Frau und besonders Ihre besonders liebe Tochter."

+

Gespräch über Franz Blei, den Abbè Galiani, Rivarol, die französischen Moralisten und Ernst Jünger. Auf Jünger kommt er immer wieder zu sprechen. Er schätzt ihn hoch als Stilisten. Er rühmt aber auch Jüngers ehrliche, in ihrer Schonungslosigkeit im heutigen Österreich nicht einmal vorstellbare, Auseinandersetzung mit der nationalsozialistischen Vergangenheit.
Zwei Grundlagen der künstlerischen Kreativität gebe es: das ICH (Beispiel: Baudelaire) und die PHANTASIE (Beispiel: Flaubert). Es gehe aber auch ohne diese. Dafür sei Rilke ein Beispiel, dem es sowohl an einem ICH wie an PHANTASIE gefehlt habe.

+

Über eine persönliche Krise, in der ich stecke und an der er lebhaft besorgt Anteil nimmt: Das, was unglücklich mache, herausfinden, nach Faktoren ordnen, nach solchen, die geändert werden können, und solchen, die unabänderlich sind. Unabdingbar sei absolute Ehrlichkeit den andern und sich selbst gegenüber.

+

Anläßlich einer seiner Schimpfkanonaden auf die „miesen" Juden Kreisky, Anders, Weigel und andere, sage ich: „Herr Hakel, so dürfen S I E reden. Ich dürfte das nicht." Er schaut mich ernst an und sagt: „Das ist auch richtig so. Wenn es um uns Juden geht, müssen alle Deutschsprachigen für die nächsten tausend Jahre den Mund halten."

+

Seit September lebe ich in Duino. Sooft ich nach Wien komme, rufe ich Hakel an: „Wo sind Sie? In Wien? Wann kommen Sie vorbei?" Immer wieder im Gespräch bringt er seine Liebe zu Italien, den Italienern, zur Sprache; „dem einzigen humanen Volk auf dieser Welt" das er, als jüdischer Emigrant und Internierter, wie kein anderes kennengelernt hat. Immer wieder redet er auch davon, mich in Duino zu besuchen, um noch einmal das geliebte Meer zu sehen, zu riechen, zu hören ...

+

Wieder ein „Salon" bei Hakel. Erfüllt von einem liebenswert naiven, literarischen Optimismus — die letzten Nummern des LYNKEUS haben ein erfreuliches Echo gefunden — hat er sogar die Absicht, aus den „Salons" „jour fixes" zu machen.

Der heutige Anlaß ist der Aufenthalt der deutschen Lyrikerin Ulla Hahn in Wien. Hakel gefallen ihre Gedichte sehr. Er hat ihre Texte schon vor einiger Zeit im Feuilleton der FAZ entdeckt. Er hat brieflich mit ihr Kontakt aufgenommen und ein Gedicht von ihr in der Italien-Nummer seines LYNKEUS abgedruckt. Ulla Hahn hat übermorgen in der Literaturgesellschaft eine Lesung, die ich, Hakel zuliebe, für sie organisiert habe.

Was gefällt ihm an ihren Gedichten? Hartnäckig konservativ, wie er, teils zu meiner Belustigung, teils auch zu meinem Befremden, in literarischen Dingen ist, lobt er die handwerklichsprachlich saubere Machart, die eigenwillige, einfallsreiche Verwendung des Reims, den musikalisch eingängigen Rhythmus, vor allem aber die (seiner Meinung nach keineswegs ungezwungene, aber intelligente) Beschränkung auf die überschaubare oder zumindest überschaubar präsentierte Lebenssphäre der heutigen Frau, mit all den Beziehungs-„Geschichterln", mal schnoddrig-lakonisch, mal trist-ironisch gebracht, aber stets

kunstvoll-kunstlos ... „Diese Frau ‚tischkerlt' gern", sagt er, „und sie redet auch gern davon. Wenigstens ist sie ehrlich."
Diesmal keine Musik: der Flügel ist geschlossen. Außer Kovacevic mit Frau ist auch Gerhard Amanshauser unauffällig anwesend. Die Hahn ist winzig. Mit spitznäsigem Gesichtchen sitzt sie, die Beinchen abweisend verknotet, in einem der Fauteuils, der viel zu groß für sie ist. Zu unser aller Überraschung unteutonisch lahmzüngig, sagt sie kaum ein Wort. Es redet auch keiner mit ihr. Nicht einmal Hakel, der, wie immer, wenn Frauen anwesend sind, enthusiasmiert alle Register seiner Konversations-Orgel zieht. Sie fühlt sich sichtlich unwohl, eingeschüchtert von dem musealen Ambiente dieser Wiener Ringstraßen-Palais-Wohnung, konfrontiert mit einer Gruppe von Leuten, die sich vom rhetorischen Gehabe des Gastgebers (auf eine ihr unverständlich bleiben müssende Weise) widerstandslos beherrschen lassen, ratlos vielleicht auch angesichts dieses Lehrbeispiels eines obsoleten, weil schon lang endgültig zerstörten, jüdisch-literarischen Wiener Gesellschaftslebens ...

„So ein armes, kleines Mauserl", sagt Hakel später, „aber sie kann schöne Gedichte schreiben, sehr gute Gedichte. Wirklich eine talentierte Person."   +

Der Dichter sei dazu da, über die andern zu schreiben, nicht über sich selbst. Es sei seine Pflicht, von Menschen zu berichten, die das Leben t ü c h t i g bewältigen, die Familie hätten, für die Familie sorgten, einem „anständigen" bürgerlichen Beruf nachgingen, die Frau und die Kinder n i c h t schlügen ...
Wieviele gebildete Untüchtige er in seinem Leben gekannt habe und wieviele ungebildete Tüchtige ... !

+

Das österreichische Antlitz — die Sauschädeligkeit, Ochsigkeit der Politiker (in Großaufnahme auf dem Fernsehschirm). Und die Unfähigkeit dieser Leute — aller Österreicher und Deutschen — die Hände beim Reden s i n n v o l l zu verwenden. Ganz anders die Italiener ...   +

Der heutige Mensch sei ein Mensch ohne Gesellschaft, das heiße: ein Mensch ohne Welt. Für das Schreiben bedeute das: das Fehlen aller für eine Gesellschaft (die es eben als geschlossene Ganzheit nicht mehr gebe) relevanter Themen.
Was bliebe, sei das infantile, unverbindliche Spiel mit der Sprache (Beispiel: Ernst Jandl).

MENSCH OHNE WELT: immer wieder überrascht mich Hakels gedankliche Nähe zur apokalyptischen Kultur- und Zivilisationskritik eines Günther Anders. Ist doch das Phänomen Günther Anders, vor allem dessen Erfolg in den letzten Jahren, die Anerkennung, die dessen Werk weltweit findet, seit jeher ein rotes Tuch für ihn. Er sieht in Anders das üble Produkt einer assimilierten jüdischen, aufdringlich sendungsbewußten Intelligenzia, einen jüdisch-marxistischen „Atom-Messias" (— wie könne für einen Juden nach dem Holocaust Hiroshima wichtiger sein als Auschwitz? —), dessen selbstgefällig gescheiter Beredsamkeit die „Gojim" in all ihrer Beschränktheit auf den Leim gingen...

Wieviel Allzumenschliches — Rivalität, Neid, Verbitterung, Resignation — hinter dieser Einstellung Hakels steht, ist für mich schwer zu sagen. Ich bezweifle, daß Hakel je eine Zeile von Günther Anders gelesen hat.

1985

„Sans' fleißig!" ruft mir Hakel jedesmal beim Abschied ins Stiegenhaus nach. Ich brauche zumeist fast eine Stunde für die Verabschiedung. Eine Unterhaltung mit Hakel ist kein Gespräch, kein Dialog, sondern ein Monolog, den er hält und ohne sichtbare Ermüdungserscheinung konsequent durchhält. Hie und da gelingt es mir, Stichwörter zu geben, Namen von Autoren, die ihm nicht einfallen, Titel von Büchern, ein Fremdwort..., wofür er mich dann mit einem Blick der Anerkennung belohnt. Manchmal gelingt es mir auch, durch ein Reizwort, dessen Wirkung ich schon kenne, seinen Gedanken- und Redefluß in eine andere Richtung zu lenken. Andern, ihm Näherstehenden oder auch namhaften Autoren, ergehe es mit ihm nicht anders, höre ich. Schwierig wird es aber, wenn es ans Verabschieden geht. Wenn ich nach den ersten halbherzigen Versuchen, seinen Monolog durch eine diskrete Abschiedsformel zu unterbrechen, schon wie auf Nadeln sitze, bleibt mir schließlich nur mehr, eine Atem-, Denk- oder Redepause nützend, entschieden aufzustehen und meine Abschiedsformel zu wiederholen, die er aber nicht zur Kenntnis nimmt. Er redet weiter. Ich stehe neben seinem Sessel. Er schaut zu mir hinauf, nimmt meine Hand, tätschelt sie... Ist es mir nach und nach gelungen, rückwärts gehend, bis zur Zimmertür zu gelangen, steht er widerwillig auf und kommt mir langsam nach, im Gehen mir noch erklärend, warum die Juden in Indien Soldaten gewesen sind — keiner, nicht einmal die Juden, kenne heutzutage die jüdische Geschichte —, im Vorzimmer muß er mir dann unbedingt noch beweisen, daß der Peter Altenberg zeit seines Lebens nicht draufgekommen sei, wie man schreibt... Wenn ich dann, den Finger am Drücker des Schnappschlosses der Eingangstür, drauf und dran bin, selber die Tür zu öffnen, fragt er doch noch: „Und wie geht's zu Haus? Lassen'S alle schön grüßen!", reckt sich hoch, öffnet für mich die Tür, tätschelt mir die Wange: „Lassen Sie sich bald wieder anschauen." Auf der Stiege höre ich noch sein: „San's fleißig!" Dann fällt die Tür mit dem handgeschriebenen Zettel: LYNKEUS. 2 x FEST LÄUTEN BITTE! ins Schloß.

+

Telefonat mit Hakel. Ich habe gerade einen Text an ihn abgeschickt für die kommende Ausgabe des LYNKEUS, deren Thema das Jahr 1945 ist. „Was schreiben Sie sonst?" fragt er. „Ich schreibe viel Prosa", sage ich. (Das ist — zumindest — eine Übertreibung. Wie immer habe ich hier in Duino Schreibschwierigkeiten, weniger mit dem Schreiben selbst als mit dem Finden und Beibehalten einer zielführenden Schreibroutine. Er weiß davon. „Darüber müssen wir einmal reden", sagt er immer wieder. „Ich denke oft über Sie nach." Aber er redet mit mir nie darüber. Ich bin sicher, er weiß, wie tief die Ursachen meiner Disziplinlosigkeit in meinem Charakter begründet sind.) „Sie schreiben also Prosa", sagt er. „Das ist auch besser so, glauben Sie mir. Ich habe gerade Ihre Gedichte gelesen..." (Vor kurzem ist ein Bändchen mit Gedichten von mir erschienen.) Und er erklärt mir: da sei die Erregung, aus der heraus man spreche — da seien die Wörter — da sei dann das Gedicht, das ein anderer lesen solle: die Wörter dürften nun nicht das Phänomen, das die Erregung ausgelöst habe, beschreiben, sondern müßten die Erregung selbst vermitteln... Denn: Wörter könne man nun einmal nicht riechen, schmecken, fühlen... Kurz; da sei zuviel totes Sprachgeröll in meinen Gedichten. „Ich glaube Ihnen ja, daß Sie es ehrlich meinen, aber..." Dann fühlt er sich aber doch bemüßigt, mich zu trösten: an diesem Anhäufen von Wortgeröll seien schon größere Dichter gescheitert, George etwa...

+

Nach längerer Zeit ist ein Buch von Amanshauser erschienen. Hakel wirft Amanshauser, den er als seinen Schüler bezeichnet, Feigheit und Inkonsequenz vor. Das gelte auch von den meisten sogenannten Größen der österreichischen Gegenwartsliteratur.

Sie machten sich das Schreiben allzu leicht. Auch ein Thomas Bernhard: „Man kann sagen, daß Österreich und die Österreicher Scheiße seien. Das stimmt schon. Aber K u n s t ist das noch lang keine!"

1986

Wichtiger als das Schreiben sind Hakel das Denken — „Klären", wie er es nennt — und das Lehren. Im Grunde genommen ist er ein Rabbi. Kein Zweifel: Hakel ist durch und durch Literat, ein ganz und gar dem Wort Verfallener — sicher d a s Charakteristikum seines Jüdisch-Seins —, aber eigentlich verachtet er das Literat-Sein und vor allem den Betrieb um die Literatur.
Oft und gern erzählt er von den Volkshochschulkursen, die er in den Fünfzigerjahren an der Wiener Urania gehalten hat. „Mir hat das sehr gefallen", sagt er immer wieder. Eine der wichtigsten, in diesen Kursen praktizierten Übungen ist die Schulung der Wahrnehmungsfähigkeit gewesen. Seine Schüler hätten sich irgendwo auf der Straße, an einer Kreuzung, aufstellen und notieren müssen, was innerhalb einer gewissen Zeit dort passiert sei. Ihre Notizen seien die Grundlage für den später stattfindenden, eigentlichen Schreibakt gewesen.
In der Schwierigkeit, ja der wachsenden Unfähigkeit des heutigen Menschen, Welt, das andere, den anderen als Wirklichkeit wahrzunehmen, erkenne er eines der Hauptprobleme unserer Zeit. Diese Unfähigkeit zu thematisieren, wie dies etwa Handke, dessen schriftstellerische Kunstfertigkeit Hakel hoch schätzte, in seiner „Nabelschau-Prosa" tue, halte er nicht für einen Ausweg, sondern für einen Irrweg. Er selbst könne in allem, was er schreibe, auch in den allerpersönlichsten Tagebuchaufzeichnungen oder Aufsätzen, von den Gedichten und Prosaskizzen gar nicht zu reden, n u r über andere sprechen und schreiben. Er wisse einfach nichts über sich selber zu sagen ...

+

Außer Talent brauche der Schriftsteller vor allem Charakter: den Mut, zu dem zu stehen, was er schreibe. Die Grundlage jeder ernsthaften Schriftstellerei müsse eine weltanschauliche Position sein, sei es eine religiöse, eine politische (Beispiel: Erich Fried) oder, seinetwegen, auch eine ökologische ...

+

Sein Leben lang habe er eine Sprache gesucht, die näher dem Weinen ist als die Alltagssprache, eine wahrhaftigere, weniger verlogene ...

Ich bringe Hakel die letzte Nummer von LITERATUR UND KRITIK, in der eine Erzählung von mir abgedruckt ist. Der Text ist — unter anderem — ein Porträt der, allerdings nicht namentlich genannten, Lyrikerin Ulla Hahn, die mich im letzten Sommer in Duino besucht hat. Dieses Porträt mag manchen wenig nobel, ja sogar auf unangenehm persönliche Weise geschmacklos erscheinen. Aber sind Noblesse und guter Geschmack je literarische Qualitätskriterien gewesen? Hakel hat das Heft schon. Er hat auch schon den Text gelesen. „Das tut man nicht", sagt er. „So etwas schreibt man nicht. Schon gar nicht soll man so etwas veröffentlichen. Das ist unrecht, sehr unrecht!" Kein Wort über etwaige literarische Meriten des Textes. Auf meine Verteidigung geht er gar nicht erst ein. Er schaut mit ernsten Augen an mir vorbei. Der Text sei vor allem die Diagnose einer gesellschaftlichen Konstellation, versuche ich mich umständlich herauszureden, sein Anliegen sei keineswegs ein misogynes Porträt der Hahn. „Und wie geht's zu Haus", fragt er...

1987

Besuch bei Hakel im Seniorenheim in Maria Enzersdorf nahe der Burg Liechtenstein. Wie immer, seit er so krank ist, daß er die Wohnung nicht mehr verlassen kann, empfängt er mich im Schlafrock. Darunter trägt er ein weißes Unterleibchen und eine gestreifte Pyjamahose. In der rechten Tasche des offenstehenden Schlafrocks steckt der quadratische Plastikbehälter des Katheters, den er seit einiger Zeit immer haben muß. Er ist unrasiert. Er hat wieder eine schlaflose Nacht hinter sich... Seltsam: dieser alte, kranke Mann, der auf sein Aussehen keinerlei Wert mehr legt, ist — für mich zumindest — nie ohne Würde. Sobald er spricht — und er spricht immer — ist es, als gebe es diesen gebrechlichen Körper nicht: Hakel ist ganz Kopf, mit dem einen grauen, lebhaften Auge (das andere ist blind), ganz stimmige Geste, ganz begeistertes Wort.

Auf dem Nachtkästchen liegt die fleckige, zerlesene Bibel, die er überallhin mitnimmt, in der er täglich liest. Er führt mich auf den Balkon: er liebe diesen Blick auf die Bäume, ins Grüne. Was wäre sein Leben ohne die Bäume gewesen? Mit den andern alten Menschen im Heim wolle er absolut nichts zu tun haben. Er sei selber alt und allein schon meschugge genug. Wir sitzen im Halbdunkel des Zimmers. Auf dem Tisch steht ein Teller mit zerbröselten Resten seines Frühstücks. Er habe keinen Appetit mehr. Die Klagen über seinen schlechten Gesundheitszustand sind aber immer kurz und präzise. Ich habe den Kassettenrecorder wieder einmal im Auto gelassen. Ich möchte dem alten Menschen Hakel mit meinem Besuch Freude machen und nicht quasi-professionell die Schriftstellerexistenz des Wiener Juden und Literaten Hakel akustisch dokumentieren. Er redet lang über sein Lieblingsthema, das Judentum, über die Bibel, die „Weiber" in der Bibel und in seinem Leben, über die Bäume, über das Schreiben und die Schriftsteller, die nicht denken könnten, weil sie zu eitel seien. Ich versuche provokant, ihn zu einer Stellungnahme zur Anthroposophie zu bewegen, die mich in letzter Zeit wieder beschäftigt. Aber er gibt zu, die Anthroposophie nur vom Hörensagen zu kennen und da nur von einer Nichte, die jetzt, da sie alt und mies wird, wie er sagt, mit der „Steinerei herumgoggerlt". Alles in allem sei ihm aber „ung'schauter" die Anthroposophie zuwider, mit ihrer „Goetheaneum-Templerei" (sic), dem eurhythmischen Getanze und der „waldörflichen" Erzieherei. Was sei denn die Anthroposophie anderes als eine Gesundheitslehre, eine Sekte. Der Steiner sei auch nur ein Sektierer gewesen, wie der Karl Kraus, der George oder auch der Hitler. Für ihn seien Sekten immer Abfallprodukte der großen Religionen, auch jüdische. Übrigens sei er davon überzeugt, daß Steiner Jude gewesen sei, allein schon aufgrund seiner wirrköpfigen Goethe-Verehrung: „So meschugge kann nur ein Jud sein."

+

Aus dem Tonbandprotokoll eines Gesprächs:
„Ich habe ungebildete, primitive Menschen viel lieber als gebildete, sogenannte Intellektuelle. Bei einem Ungebildeten kommt immer, wenn er redet, ein wirkliches Erlebnis heraus, vorausgesetzt, er läßt den Quatsch mit den fertigen, politischen Begriffen weg. Da kommen oft Wahrheiten, tiefe Erkenntnisse heraus. Während die Gebildeten eine künstliche, eben gebildete Sprache haben, so daß das, was hinter dem Gesagten steht, gar nicht herauskommt. Deshalb lese ich auch keine deutsche Philosophie. Dieses ‚chochmetzen' liegt mir gar nicht, auch nicht als Jude. Mir ist jeder Mann, jedes Denken verdächtig, das über ein gewisses Maß an Abstraktion hinausgeht. Man kann ja Unglaubliches mit Worten aufbauen — und wieder abbauen. Und es gibt eben Menschen, die Wörter, Schlagwörter, Denkformeln verwenden — und glauben, das sei gedacht."

Wie schon oft in letzter Zeit empfängt mich Hakel in seinem Schlafraum. Zwischen den Stapeln seiner, in weißen Papiermappen geordneten Aufzeichnungen liegt aufgeschlagen die Taschenbuchausgabe von Kafkas TAGEBÜCHERN. Ein unglaublich großartiger Schriftsteller, sagt er, bei jedem neuerlichen Lesen stehe er diesem Werk ratloser, fassungsloser gegenüber. Wie habe ein Mensch derart schreiben können? Durch nichts könne dieses Werk heute noch übertroffen werden. Kafka sei ein Ende. Er sei wahrscheinlich der größte Schriftsteller der deutschen Sprache im 20. Jahrhundert. Aber was für ein armer, kranker Mensch Kafka gewesen sei! Wie habe er nur in einer Welt ohne Frauen, ohne Liebe leben können? So eine Welt könne sich er, Hakel, nicht einmal vorstellen.

Seine oft wortschöpferisch so amüsante Aggressivität im Gespräch hat in letzter Zeit einer lakonischen, sachlichen Bitterkeit Platz gemacht. Er geht immer mehr auf Distanz zu den Menschen, zur Literatur. Die letzte Nummer des LYNKEUS ist erschienen, danach der abschließende Registerband ...

Er hat keine Lust mehr am Schreiben.

Mich beunruhigt auch der für mich an ihm neue Hang zur resümierenden Rückschau auf sein Leben, oft präzise lehrsatzartig formuliert, als handle es sich um persönliche Botschaften, um Aufträge.

1988

Duino. Hakel ist tot.

Obwohl ich schon seit 17. 12. in Wien gewesen war, rief ich Hakel erst am 1. 1. an, um meinen Besuch anzukündigen. Die Leitung war besetzt. So rief ich inzwischen Günther Anders an. Anders, 86jährig, hatte vor einiger Zeit seinen zweiten Herzinfarkt und einen folgenreichen Sturz über eine Treppe gut überstanden. Jetzt saß er wieder täglich an seinem Schreibtisch in der Lackierergasse und versuchte, wie eh und je mit unerschütterlichem Sendungsbewußtsein und ungebrochener Arbeitskraft schreibend zu retten, was er noch retten zu können, zu müssen glaubte. Im Gespräch mit ihm passierte mir etwas Merkwürdiges: ich nannte Anders plötzlich „Hakel". „Also, Herr Hakel", sagte ich zu Anders. Jäh war die Stille am andern Ende der Leitung. „Wie haben Sie mich da gerade genannt?" fragte Anders. „Ich hoffe aber schon sehr, daß Sie mich nicht mit dem Hakel verwechselt haben..." Ich erklärte, daß ich gerade vorher versucht hätte, Hakel

anzurufen, fragte, ob ich mich etwa entschuldigen müsse . . .
Gleich danach wählte ich Hakels Nummer und erfuhr von seinem Tod.
Ich rief Kolovic an, um Näheres über die Umstände zu erfahren. Hakel war am Heiligen Abend gestorben, als es besonders schwierig war, einen Arzt aufzutreiben. Er hatte plötzlich Erstickungsanfälle bekommen, die sein krankes Herz nicht mehr verkraftet hatte. Kolovic berichtete mir auch von einem Traum, den Hakel ein paar Tage vor seinem Tod gehabt hatte: er werde ans Telefon gerufen, seine Mutter sei am Apparat und wolle mit ihm sprechen. Wenn man weiß, wie wichtig das Phänomen des Traums für den Menschen und Schriftsteller Hakel war und mit welcher Liebe und zärtlicher Hochachtung er stets von seiner Mutter sprach, kann man ermessen, welche Vor-Bedeutung ein solcher Traum für ihn gehabt haben muß.

Mein Traurigsein über Hakels Tod wurde vorübergehend gemildert durch ein weiteres Telefonat. Dem Drang folgend, irgend jemandem, dem Hakel, wie ich glaubte, auch etwas bedeutet hatte, von seinem Tod Mitteilung zu machen, rief ich Franz Richter an. „Aha", sagte der, „das weiß man, wegen der Feiertage, im PEN ja noch gar nicht." Eine halbe Stunde später hatte ich den offiziellen Auftrag, eine Gedenkrede am Grab Hakels im Namen des PEN zu halten und einen Nachruf für die FURCHE zu schreiben, aber nicht mehr als 15 Zeilen und bis am folgenden Tag... Die Gedenkrede erübrigte sich, da Hakel nach jüdischem Brauch schon sehr bald nach seinem Tod begraben worden war. Einen Nachruf von einem Tag auf den anderen zu schreiben, lehnte ich ab. So erwies ich mich wieder einmal als unbrauchbar für den Wiener Literaturbetrieb. Aber ich wußte auch, was Hakel von diesem Literaturbetrieb und vom PEN und seinen derzeitigen Repräsentanten gehalten hatte.

+

SE NON ORA, QUANDO? ist der Titel eines der letzten Bücher Primo Levis, das Hakel — mit großer Enttäuschung — noch gelesen hatte. Wann, wenn nicht jetzt, sollte ich mir, angesichts von Hakels Tod, die „großen Wörter" gestatten?

Hakels Verlust ist für mich ein unersetzlicher. In den Jahren, in denen ich ihn kennenlernen und ihm näherkommen durfte, sind der Mensch, der Jude, der Schriftsteller Hakel für mich zu einem geistigen Fixpunkt in Wien geworden. Er war mir eine Art geistiger Vater. Im selben Jahr wie Hakel starb auch mein leiblicher

Vater. Er war ein rabiater Antisemit bis zu seinem Tod. Hakel war bis zu seinem Tod, in meinen Augen, ein orthodoxer Jude (wenn auch nicht im konfessionellen Sinn des Wortes). Es liegt also der Befund nahe, daß ich, als unseliges Produkt des antisemitisch geprägten Wiener Kleinbürgertums, die Gelegenheit wahrgenommen und versucht habe, die Schuld meines Vaters, die ich, zumindest unter einem potentiellen Aspekt, zu meiner machte, durch die verehrende Hinwendung und Zuneigung zu einem Opfer, dem Juden Hakel, in einer mir gemäßen Weise abzutragen. Das ist ohne Zweifel e i n Aspekt meiner Beziehung zu Hakel. Ein anderer, mir wesentlicher erscheinender ist der, daß in den Jahren meiner Bekanntschaft mit Hakel in mir eine tiefe Zuneigung zu ihm groß geworden ist, zu diesem Menschen, dessen Streben nach kompromißloser Ehrlichkeit, dessen Witz und Charme im Umgang mit Menschen, dessen Bildung (sowohl die des Verstands als auch die des Herzens), dessen geradlinige Einfachheit und soziale Gewissenhaftigkeit, dessen leidgeprüfte Menschlichkeit mir im wachsenden Maße als beispielhaft und liebenswert erschienen sind... Kurz: ich hatte Hermann Hakel sehr gern, nein: sehr lieb.

WILMONT HAACKE

Geboren 1911 in Montjoie.
Doktor phil. habil., o. Universitätsprofessor.
Publizistik-Wissenschafter und Herausgeber.
Lebt in Göttingen.

Miteinander bekannt wurden Hermann Hakel und ich in der Wiener National-Bibliothek. Das geschah an der Theke des Photokopier-Raumes, wo man die Früchte seines Suchens, weitaus bequemer als früher, zum Nachhaustragen in Schwarz auf Weiß vervielfältigen läßt.

Hermann Hakel schaute in meine Auszüge, ich in seine. Gegenseitige Neugierde bestand schon länger. Von meinem Arbeitsplatz aus hatte ich ihn, den kleinen Mann von lichtenbergischer Figur, vor Tagen bemerkt und seither beobachtet. Er kletterte nämlich an der riesigen Wand auf Leitern hinauf und hinab, welche die Jahrgänge 1848—1938 der alten „Neuen Freien Presse" tapferen Forschern anbietet. Die Bände, die er herauszog, stammten samt und sonders aus dem 19. Jahrhundert. Sie sind so schwer und umfangreich, daß er damit auf recht gefährliche Art und Weise zu balancieren hatte, bis er sie erst zu Boden und endlich auf seinen Schreibtisch hievte.

Als wir schließlich am Kopier-Tresen aufeinander zukamen, sagte ich ihm, daß ich ihn schon ob seiner „Quelle", nämlich jenes Weltblattes von gestern, längst gern gefragt hätte, wer er sei und was er da wohl suche? Seine Antwort, wahrhaftig überraschend, lautete: „Ach, lassen Sie nur. Ich weiß, was Sie gedacht haben, als Sie mich da hantieren sahen."

„Nein", sagte ich, „das können Sie nicht erraten."

„Doch", antwortete Hakel: „Sie haben gedacht, an' so an' armseligen, schiachen Lazarus hab' ich scho' lang nimmer g'sehn."

Leider kann ich seine wienerische Sprechweise weder mündlich noch schriftlich wiedergeben. Aber jene ersten Sätze aus unserer Begegnung blieben mir im Gedächtnis haften, sind sie doch Zeugnisse einer souveränen Selbstironie. Sie charakterisierte ihn lebenslänglich.

Alsdann stellten wir uns endlich vor. Er sagte, er heiße „Hakel". Und ich antwortete, „ich heiße Haacke."

Verblüfft äußerte ich, daß ich während der wenigen Jahre, in denen ich als Universitätsassistent arbeitete, ständig darauf aufmerksam gemacht wurde, daß man den Namen Haacke in Wien nicht aussprechen könne. Tatsächlich sagte seinerzeit niemals jemand etwa Haackel zu mir. Man gab mir andere Namen.

Als ich Hermann Hakel solche Erfahrungen berichtete, buchstabierte er seinen Familiennamen „H a k e l" — und ich begriff.

Außerdem betonte er: „Ich bin ein gebürtiger Wiener und obendrein ein Praterkind." Was er damit erklären wollte, das verstand ich erst später. Damals sagte ich ihm nur, daß ich mit dem Prater, vor allem mit dem Wurstl-Prater, vertraut sei. Obendrein hätte ich gar manches Wiener Feuilleton darüber gesammelt und gelesen. Am köstlichsten fände ich Adalbert Stifters „Der Prater" aus dessen Anthologie „Wien und die Wiener in Bildern aus dem Leben" (Pest = Budapest 1844). (Vgl. dazu: Wilmont Haacke: „Stifter als Journalist"; In: „Publizistik — Elemente und Probleme", Essen 1962, S. 101—120).

Während jenes ersten Gespräches ergab sich, daß er meine pressehistorischen Annäherungen an die Feuilletonisten der Hauptstadt kannte. Jene Bemühungen bezeichnete er als „durchaus brauchbar". Solches sachliches Einordnen tat mir gut, der ich keinen Grund hatte, an der Unaufrichtigkeit von Lobhudeleien oder an der Aufrichtigkeit von Schmähungen zu zweifeln.

Jenen ersten Begegnungen, die im Sommer 1967 stattfanden, als ich in der Wiener National-Bibliothek endlich eine nahezu vollständige Sammlung des „Querschnitt" von Alfred Flechtheim und Hermann von Wedderkop gefunden hatte, folgten mannigfache Treffen in nahegelegenen Lokalitäten. Am Ring, und zwar gleich neben den Kunstmuseen, besaß Hakel über Jahre hinaus ein Refugium.

Seine unerschöpflichen Kenntnisse aller literarhistorisch oder pressekundlich bedeutsamen Viennensia bereicherten meine arg begrenzten Lese-Erfahrungen, welche ja nur die eines Zugereisten waren über die Maßen. Seit jenem Wiener Sommer schickte er mir bis zu deren Eingehen regelmäßig seine Zeitschrift „Lynkeus". Deren Reichhaltigkeit zu erfassen oder gar zu beschreiben, das bleibe österreichischen Kennern vorbehalten!

Da meine zweite Wahlheimat Wien war und bleibt, genoß ich an der Göttinger Leine gern die von der Donau und quasi vom Praterrand gesandten Hefte — als guten Nachgeschmack eines allzu kurzen Verweilens in Wien. Meine ihm zur Revanche geschickten Hefte der „Publizistik, Vierteljahreshefte für Kommunikationsforschung" (1955 ff.) konnten ihm dagegen nur wenig, außer gelegentlichen Marginalien zur Pressegeschichte Österreichs und damit fast nichts zur Feuilletongeschichte Wiens bieten.

Doch durfte ich im Zuge solchen Austauschens eine Freundschaft stiften, nämlich die zwischen dem gestandenen Wiener

Autor Hermann Hakel und dem damals seinen Weg beginnenden, erst zum Wiener werdenden Feuilletonisten Dietmar Grieser.

Wenn ich an Hermann Hakel denke, so sehe ich ihn vor mir: Klein, verwachsen und obendrein schwer vom Schicksal, von Flucht und Verfolgtsein geschlagen, dennoch voll erstaunlicher Lebenskraft und Daseinsfreude, überreich an Belesenheit und musischem Verstehen, darüber hinaus pflegsam und schöpferisch im publizistischen Weitergeben seines Wissens. Als Kenner früherer Klassiker der „Kleinen Form", in der er durch Presse-Prosa und „Gebrauchslyrik" (eine Prägung Erich Kästners) glänzte, war Hermann Hakel ein Bewahrer ohnegleichen.

Aus Jahrhunderte währendem kulturellen Einstmals rettete er in die flüchtige Gegenwart und für ungewisses Späterhin literarische Schätze. Um sie zu erhalten, edierte er seine Blätter — unter selbstlosem Aufopfern des vorletzten Schillings und des letzten Hellers. In oder auf der Hand besaß er nichts, doch in Herz und Geist alles.

Präsentation der Zeitschrift „das pult" in der Buchhandlung Shakespeare & Comp. in Wien, 1982.

Foto: Leo Kandl

Am Arbeitstisch, Eisenstadtplatz, 1970.

Am Arbeitstisch, Babenbergerstraße, 1985.

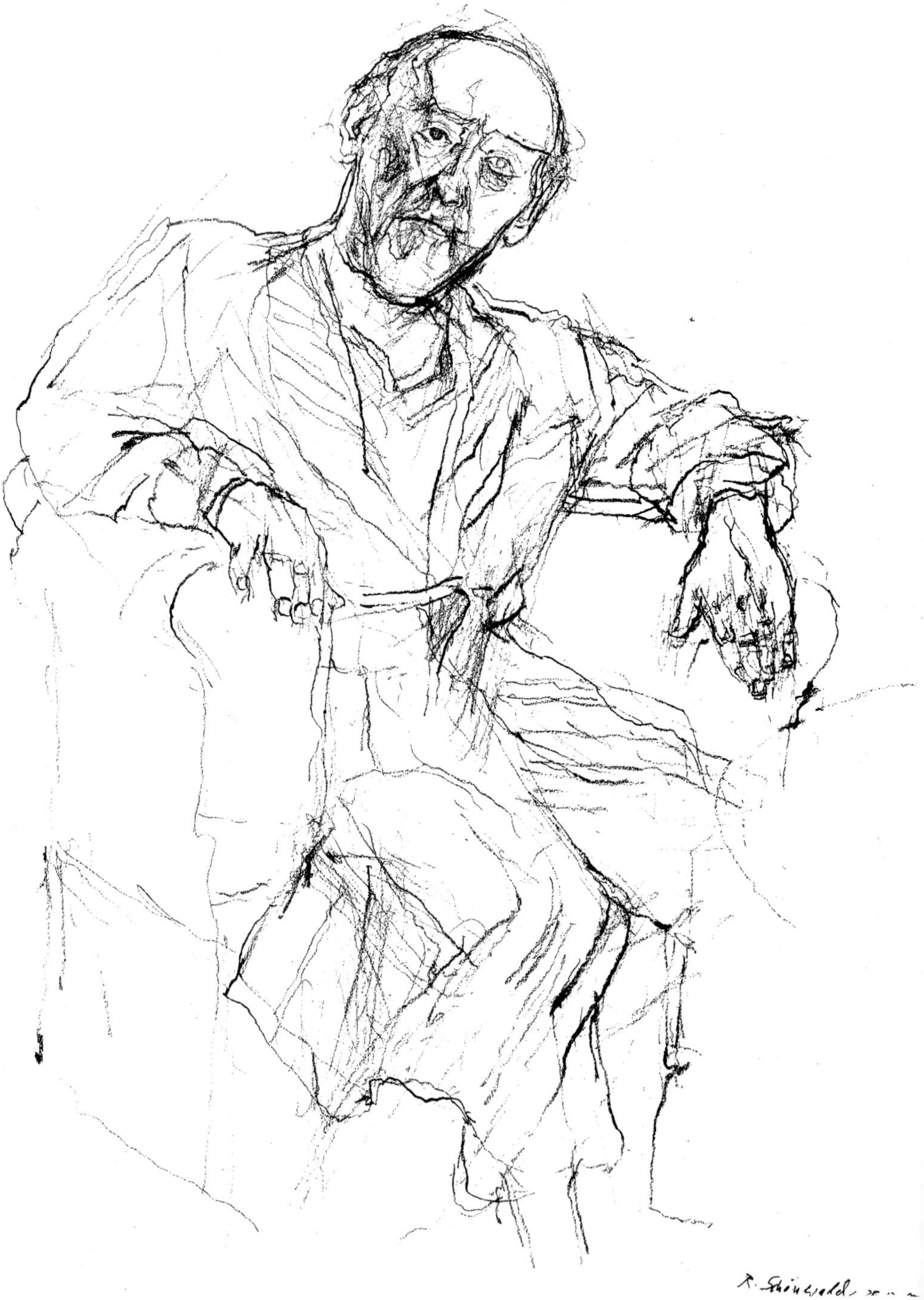

FRIEDRICH DANIELIS

Geboren 1944 in Bad Reichenhall.
Autodidaktischer Maler (Gouachen, Pastelle, Aquarelle).
Lebt in Wien, Venedig und New York.

In dem milden Dämmerlicht eines Kaffeehauses, das die Müden zudeckt, der Frauenhaut goldene Lichtspiele aufsetzt und doch dem Provinzauge durchaus noch als aufklärender Leuchtstrahl dienen kann, fühlte ich mich, um 1960, in Wien zum ersten Mal zu Hause. Die Großzügigkeit einer „Charmanten" brachte mich her, und der Wunsch, doch auch aus eigener Kraft mich bewegen zu können, ließ mich in jenem Kaffeehause — Lateinstunden geben; in den Pausen der Stille ließ sich für mich viel lernen — die Nachhilfebedürftigen überwanden ihre Abneigung gegen die hohe Sprache doch nie und kamen gerne zu spät — und die Augen machten sich weit auf. Es galt damals durchaus noch als ungezogen, ja unverschämt, „frech" herumzuschauen, und so suchte ich meinen Blick, der zu einem gefräßigen Starren wird, wenn das Interesse die Barriere der Scheu überwindet, stets sorgfältig abzuschirmen — auch dazu ist die eingespannte Zeitung, Schwert und Schild der Kaffeehauskultur, gut. Wie merkwürdig berührte es, daß, meist an einem kleinen Tisch und allein, eine Tag-Eule ganz unverhohlen, mit den weiten Augen eines Kindes, in die gestaltenreiche Tischlandschaft blickte, mit eigentümlicher Stille und Beharrlichkeit. Diese Augen schienen — ich wußte damals noch nicht, warum — so eingerichtet, daß verschiedene Richtungen gleichzeitig, ohne eine Bewegung des Kopfes, im Blickfeld blieben, die Lider schlossen sich langsam und selten.

Ohne Scham, offen und unverwandt blickte ein weißes, massiges Gesicht aus dem Halbdämmer, in mir wuchs die Neugier, auch ich starrte nun unverschämt, versuchte, mir die Gestalt deutlicher zu machen, diese durchsichtig weiße Haut, faltenlos über den Kopf gespannt, wie man mit Pergament ein besonders kostbares Gefäß umhüllt, ein Wesen, in der Tat ganz unbewegt, als sähe es in die Ewigkeit.

Als sich ganz unausweichlich die Blicke kreuzten, einander aushielten, fühlte ich mich durchaus nicht ertappt, senkte meine Augen nicht in Verlegenheit, sondern fand eine stille Bestätigung in diesem ruhigen Sehen, das weder forderte noch zurückwich, aller Gewohnheit entgegen.

Da will man schon wissen, was dahinter steckt, aber die Antwort stiftet mehr Verwirrung: „Das ist der Hakel". „Und wer ist das?" „Der letzte Kaffeehaus-Jude, wirklich." Meine wütende Reaktion — wenige Wochen vorher war der Kaufmann Schwarz in Salzburg von kräftigen Vertretern der Blüte der Nation, Jung-Nazis halt, aus einem angesehenen Kaffeehaus geprügelt worden, und ich dazu, weil ich mich dazwischen gestellt hatte, zum Gaudium der alteingesessenen Gäste, und ohne Einschreiten der Ordnungsmacht, denn als solche wurden die schlagenden Burschen ja durchaus verstanden, und da war dieser Ausdruck auch gefallen — stieß auf Unverständnis. Dieser Hakel, versicherte man mir beruhigend, war wohl gelitten, jedermann bekannt, ein Quell des Wissens, ja, ohne ihn wäre das Kaffeehaus auch nichts wert, könnte man hier auch gar nicht bleiben, und ich würde schon sehen, daß ohne seine Auskünfte, die jede Auseinandersetzung schlichteten, nichts zu machen sei; ich habe in den Jahren danach von dieser seiner Fähigkeit häufig Gebrauch gemacht: die bestimmten, immer ein wenig klagenden Antworten auf eine Frage schlossen jeden Diskurs auf eine besondere Weise, ließen stets eine neue, lohnendere Frage als Geschenk zurück.

Wenn sich der kleine Mann, sein Körper einseitig verkürzt, dann von seinem Sessel erhob und sich ins Freie schleppte, erinnerte er stets an das berührende Bildchen von Delacroix „Jakobs Kampf mit dem Engel".

An ihn zurückdenkend ahne ich mit Entsetzen, wer diesen Kampf verloren hat.

ULRICH WALBERER

Geboren 1938 in Hamburg.
Studium (Literatur- u. Theaterwissenschaft, Geschichte,
Philosophie) und Doktorat.
Verlagslektor und Übersetzer.
Lebt in Frankfurt/Main.

Ob er ein Jahrhundertschriftsteller war, „wir wissen es nicht", wie es immer wieder in Wolfgang Hildesheimers „Mozart"-Antibiographie heißt. Hermann Hakel ist vor einem knappen Jahr gestorben. Die Literaturgeschichte hat Zeit genug, ihm seinen Platz zuzuweisen. Eines allerdings ist sicher: Er hatte eine untrügbare Witterung für Menschen und für Situationen.

Er hielt sich nicht bei den sentimental-verlogenen Wiedergutmachungsgesten auf (als wenn es da etwas wiedergutzumachen gäbe). Er kannte seinen Talmud, wo es heißt: „Fällt der Stein auf den Krug, wehe dem Krug; fällt er auf den Stein, wehe dem Krug; in jedem Fall: wehe dem Krug!"

Keine Frage, Hakel war germanophil. Wie alle Juden, deren Vorfahren aus dem Osten kamen, liebte er die deutschen Klassiker, Goethe vor allem und Lessing. Aber: „Eins habe ich nie verstanden. Seit Jahrhunderten sehnten sich die Deutschen nach dem Süden. Was man ja begreifen kann. Und dann haben sie sich ausgerechnet aufnorden müssen."

Sein Witz war verspielt und intellektuell, aber nie bösartig oder zynisch. Dafür war er zu menschenfreundlich. Ging irgendwo eine Ehe in Bruch, eine Beziehung zu schanden und der leidende Teil hatte das Glück, Hermann Hakel zu kennen, durfte er sicher sein, die schmerzendsten Wunden betupft zu bekommen. Hakel konnte zuhören.

Aus Erfahrung wußte er, wie zerbrechlich Krüge sind, metaphorisch gesprochen. Das hatte auch damit zu tun, daß er nicht gerade mit körperlichen Vorzügen gesegnet war. Nach den Vorstellungen der erstbesten Gesellschaft war er nicht gerade das, was man eine gepflegte Erscheinung nennt. Man mußte ihn schon mögen, um ihn zu mögen. Der Umgang mit ihm war nicht einfach. Er war alles andere als ein charmanter Plaudergenosse. Er provozierte gern. Im Zweifel mochte er lieber Konfrontation als eine alles verkleisternde Harmonie.

Ungemütlich konnte er werden, wenn gutmeinende Gesprächspartner am Kaffeehaustisch, durchaus aufgeklärt und vermeintlich liberal, von der Respektierung von Minoritäten schwafelten und es wagten, Radfahrer oder Brillenträger in einem Atem mit Juden zu nennen. Hakel dazu: „Verfolgt und umgebracht haben sie immer uns."

Er machte sich nicht die geringsten Illusionen über den Zustand der Beziehungen zwischen Goi und Nicht-Goi. Die uralte Städtl-

Erfahrung hatte er nicht vergessen: „Wenn ein Jude im Recht ist, bekommt er erst recht Schläge." Gleich nach dem Kriege mischte er sich ein und ließ keinen Zweifel, wo er stand. Und da war er weder verhuscht, noch demütig. Immer wieder ließ er hören, daß die Nazis ihm weder Sprache noch Kultur haben nehmen können.

Er staunte auch nicht darüber, daß eine Generation heranwuchs, die nicht zwischen Drittem Reich und Dritter Welt unterscheiden konnte. Er, der so gut zuhören konnte, witterte die Versäumnisse allenthalben — und benannte sie auch. Typisch erschien ihm die Geschichte, daß jahrzehntelang nach dem Pogrom eine ehemalige jüdische Mitschülerin zu einem Klassentreffen eingeladen wurde und diese Wiederbegegnung gänzlich schiefging. Zur Überraschung der Eingeladenen wollten die Schulkameradinnen von ihrer früheren Mitschülerin, die wundersamerweise im Exil überlebt hatte, eigentlich gar nichts wissen. Sie rechtfertigten sich vielmehr in einem fort, indem sie all das Ungemach schilderten, das ihnen während der Nazi-Jahre zugestoßen war. Wie dergleichen funktioniert, das ist bei Freud nachzulesen.

Hakel, wie gesagt, war nicht erstaunt. So ist die Welt. Er befragte sie freilich immer wieder. Wie Sokrates. Je ungemütlicher es wurde, desto lieber hatte er es.

Er hielt sich zugute, Ingeborg Bachmann mitentdeckt zu haben. So viele Bachmanns gibt es gar nicht, wie es Entdecker gibt. Es wird wohl nie zu rekonstruieren sein, wer wirklich ihr Entdecker war. Sicher ist, daß Hermann Hakel ein Sensorium und, vor allem, Geduld für jüngere Schreiber hatte und sich Zeit für sie nahm. Als Beispiel aus der jüngeren Generation mag Reinhard Priessnitz gelten, dem Hakel in ungezählten Nachtgesprächen Nachhilfeunterricht im Formulieren gab.

Hermann Hakel war jemand, der durchdringend genau hinsehen konnte und dann aufschrieb, was er gesehen hatte. Er hatte Geduld und Zeit für andere. Er war raunzig und nörglerisch, gewiß. Aber: Er nahm sich Zeit für andere. Und wer Zeit für Menschen hat, der liebt sie auch.

JUDITH POR-KALBECK

Geboren in Budapest.
Studium (Rechts- u. Staatswissenschaft) und Doktorat.
Literaturkritikerin und Übersetzerin.
Lebt in Wien.

(Aus Artikeln in „Die Gemeinde" und „Illustrierte Neue Welt" vom 7. November 1979 und Juni/Juli 1980.)

Hermann Hakel, einer der profiliertesten Kenner und Bekenner des Judentums im deutschen Sprachraum... Kenner aber auch des Wienertums: eine rar gewordene Kombination. Hakel ist ein „Stiller im Lande". Wer so kompromißlos lebt und denkt wie er, ist kaum zu profitablem Lärm Imstande.

Wenn Hakel an Vergangenes erinnert, so ist dieses Vergangene ein bloß Vergessenes; wenn er Fernes annähert, so ist das Ferne ein Nachbarliches; wenn er Fremdes bekanntmacht, dann ist dieses Fremde irgendeinmal freundlich- oder bös-vertraut. In diesem Sinn aber heißt Zeuge-der-Zeit-Sein — und Hakel ist ein echter solcher Zeuge — Unzeitgemäß- und Konservativsein. Solch ein „Konservativer" wie er ist aber nie von gestern... eher von morgen! Hakel ist ja auch einer, der täglich seine Bibel liest. Und Goethe und Kafka. Wer tut das noch? Von daher, darf man vermuten, rühren die „Obertöne", die wir mitschwingen hören, wenn wir uns die Kurztexte seines Traumlebens laut vorlesen.

+

(Aus dem Nachruf auf Hermann Hakel in „Die Gemeinde" vom 1. März 1988.)

Nach insgesamt vier Heimatländern, die alle keine echten waren, begegnete ich Hermann Hakel... und fühlte mich durch ihn auf eine bisher unbekannte Weise zu Hause. Er wurde mir ein väterlicher Freund. Sollte ich gelernt haben, nicht nur getrost ich selbst zu sein, sondern auch ein wenig zu wissen warum, so hat es mich Hermann Hakel gelehrt.

Das Zu-sich-selber-Stehen eines aufrechten Zeitgenossen, meine ich, gehörte wesentlich zu Hakels Gesinnung: zu seinem Denken über die Juden, über das geschriebene Wort und über Gott... zu seinem Zeuge-Sein. Das Motto: „Was braucht ein Jud das oder jenes?" (zu beziehen auf die meisten heiligen Kühe der jüdischen wie der nichtjüdischen Welt) war für den geschworenen Feind jedweder feigen Anpassung nicht bloß humorige Redensart, vielmehr trennte es ihn von den Gemeinschaften um ihn herum und ließ diesen aufmerksamen und zärtlichen Liebhaber des Lebens und der Menschen immer einsamer werden. Auch als Schriftsteller „verweigerte" er sich. Einst ein Entdecker von hohem Rang, ein Förderer der jungen, österreichischen Literatur, wurde er mehr und mehr ein heimlicher Zaddik, ein „Gerechter" des zeitlosen Wortes in der Zeit, der zuletzt sicher gar nichts mehr veröffentlichte..., darin übrigens ganz wienerisch, ganz grillparzerisch, könnte man anmerken. Und ich glaube, zu erkennen, daß beides, das Verhältnis zur Mitwelt wie das zur Gegenwartsliteratur, in einer nicht eben üblichen, sehr einsamen Beziehung zum Höchsten gründete. Im Ringen des Jakob-Nachfahren, allein und unterwegs, mit einem harten, unerbittlichen Engel.

So aber lernt und lehrt man, sich selber treu zu werden. Wird man ein Unerbittlicher auch.

Unbeirrbar in seinem Urteil, seinem Blick für echte Werte, ein zynischer Zeuge mitunter und doch voller Güte, war Hermann Hakel unter den großen „Unmenschen" des Zeitalters, die berufen sind, nicht nur Zeugnis abzulegen, auch zu richten über ihre Epoche, für mich wie für alle, die ihn kennen durften, einer der menschlichsten. Wir sind ihm Dank schuldig für all unsere Zeit.

THOMAS SCHAEFER

Geboren 1959 in Detmold.
Studium (Germanistik, Geschichte, Pädagogik).
Lebt in Göttingen.

Meine erste Begegnung mit Hermann Hakel im Sommer 1982 entsprang etwas merkwürdigen Umständen.

Ich war seinerzeit für ein halbes Jahr nach Wien gekommen, offiziell um zu studieren, im Grunde aber, um herumzuflanieren, die Augen offen zu halten und eine Antwort auf die unsinnige Frage zu finden, die mich damals sehr beschäftigte und die lautete: wie ist Wien wirklich?

Ich war also einer der vielen Deutschen meiner Generation, die es so zahlreich nach Wien zieht, aus Gründen, deren Erörterung eine eigene Geschichte abgäbe.

Kurz, ich war jung, frei, ein bißchen verrückt, in meinen Augen hingegen genial und ein Dichter allemal. So enthielt mein karges Reisegepäck auch mein lyrisches Gesamtwerk, denn ich konnte es nicht ausschließen, in Wien (wo sonst?) groß rauszukommen.

Eines Abends sah ich in einer Kultursendung des österreichischen Fernsehens einen Beitrag über Hertha Kräftner (wenn ich mich denn recht erinnere), in dem ein gewisser Hermann Hakel berichtete, wie er die Kräftner entdeckt habe, und andere auch, z. B. Ingeborg Bachmann.

Das war der springende Punkt: was der Bachmann recht gewesen war, konnte mir nur billig sein. Also suchte ich noch am selben Abend die Adresse des Herrn Hakel aus dem Telefonbuch, stopfte mein hoffnungsvolles Oeuvre in ein Couvert und erhielt einige Wochen später einen Brief von Hermann Hakel, der mich zu einem Besuch in der Babenbergerstraße einlud.

Dieser Besuch, mein erster Kontakt zum „Literaturbetrieb", brachte hingegen nicht die von mir erwarteten Folgen, den großen Durchbruch nämlich. Daß ich auch heute noch nicht den Ruhm einer Ingeborg Bachmann genieße, ist allerdings wohl nicht die Schuld Hakels, die Gründe dürften woanders liegen. Und doch hatte dieser erste Besuch am Wiener Ring, dem noch manche folgten, literarische Konsequenzen: ein Jahr nach unserer Bekanntschaft brachte Hakel zwei Gedichte von mir via „Lynkeus" an die Öffentlichkeit, zum ersten Mal, und so etwas ist für die bibliographische Geschichte eines Autors natürlich ein markanter Einschnitt!

Doch schon zu Beginn unserer Gespräche spielten meine Texte nur eine Nebenrolle. Hakel versorgte mich zwar mit Ratschlägen, wie man die Technik des Schreibens erlernen könne und gab mir diesbezüglich sogar systematische Hausaufgaben, doch ein derartiges Vorgehen kollidierte entschieden mit meinem Geniebegriff, so daß ich seinen Ratschlägen nicht Folge leistete. Zudem ging meine Wiener Zeit dem Ende entgegen und ich war vollends damit ausgefüllt, meinen wehmütigen Abschied vorzubereiten.

Erst später ist auch mir klar geworden, daß es beim Schreiben ganz ohne Arbeit und Disziplin nicht geht . . .

Wichtiger waren unsere Gespräche über andere Themen, die sich mir ohne Hermann Hakel nicht, oder zumindest nicht so, gestellt hätten. Die menschlichen Spuren, die er bei mir hinterlassen hat, sind zweifellos tiefer als die literarischen.

Ein Thema, das Hakel immer wieder ansprach, war die Frage, wie ein junger Deutscher mit der Last der deutschen Geschichte fertig werden kann. Die Beharrlichkeit, mit der er dieser Frage nachging, zwang mich dazu, mir intensiver Rechenschaft abzulegen, als ich es sonst vielleicht getan hätte.

Oft ging es bei diesen Unterhaltungen hoch her. Hakel war ein äußerst streitbarer Mensch, der seine häufig provozierenden und für mich manchmal unhaltbaren Thesen rhetorisch brillant und äußerst scharf formulierte. In vielen Dingen waren unsere Auffassungen unvereinbar. Anfangs stritten wir uns noch über Sinn und Unsinn langer Haare. Später ging es dann um Wichtigeres, zum Beispiel um meine Examensarbeit über Peter Altenberg, den ich seinerzeit sehr liebte. Hermann Hakel, weit über siebzig und einer der belesensten und gebildetsten Menschen, die ich kennengelernt habe, teilte mir nach der Lektüre meines Werkes mit, daß er in seinem ganzen Leben nichts Widerwärtigeres, Ekelhafteres und Armseligeres als mein Elaborat gelesen habe. Dieses vernichtende Urteil konnte ich noch nachvollziehen, doch die Unterstellung, meine Beschäftigung mit Altenberg beruhe auf dem Versuch einer deutsch-jüdischen Wiedergutmachung, und die Beschäftigung eines jungen Deutschen mit einem Wiener Juden der Jahrhundertwende sei von vornherein unsinnig, forderte meinen entschiedenen Widerspruch heraus.

Ich denke, daß Hakel diese Reibungen, die ja auch durchaus spannend und gewinnbringend waren, in gewisser Weise gesucht hat. Er hatte Lust am Streiten, am Fabulieren und an der Herausforderung. Entscheidend war vor allem, daß die gegenseitige Achtung und Wertschätzung unabhängig von weltanschaulichen und politischen Positionen war, daß selbst im hitzigen Wortgefecht eine offene und tolerante Atmosphäre spürbar war. Unbestritten ist aber auch, daß stets eine gewisse Distanz zwischen uns blieb, die letzten Endes nicht nur mit dem fast ein halbes Jahrhundert betragenden Altersunterschied, sondern wohl auch mit der Zugehörigkeit zu verschiedenen Kulturkreisen zusammenhängt, die Hakel immer wieder, und für meine Begriffe zu sehr, hervorhob.

Hermann Hakel war nicht nur ein großer Streiter, sondern auch ein großer Erzähler. Vor seinem Wissen, seiner Belesenheit und seiner Lebensgeschichte hatte der Besucher in der Regel zu kapitulieren und sich in die Rolle des vornehmlich Zuhörenden zu bescheiden, auch wenn das manchmal schwerfiel und unruhig machte. Stundenlang breitete Hakel an den Nachmittagen in der Babenbergerstraße die Geschichte seines Lebens und seiner Begegnungen aus, für einen jungen Zuhörer die einmalige Chance, Dinge unmittelbar zu erfahren, die bereits Geschichte sind.

Dennoch zog sich Hermann Hakel nie ins Gestern zurück, sondern er war immer offen für die Gegenwart, für das, was die Jungen dachten und vor allem schrieben. Auch wenn er vieles aus dieser Gegenwart ablehnte, setzte er sich doch neugierig und wach damit auseinander. Und das ist keinesfalls selbstverständlich.

Im Dezember 1986 erreichte mich zum letzten Mal eine Nummer des „Lynkeus". Im Frühjahr 1987 besuchte ich Hermann Hakel zum letzten Mal in Wien, wobei ich das Gefühl hatte, daß sein kranker, fragiler Körper schon auf Abschied eingestellt war, während sein Geist noch jung, offen und lebendig wie immer war. Ich fragte ihn damals, mit welchen Gefühlen er in die Stadt zurückgekehrt sei, in der er als Jude gedemütigt und verfolgt wurde. Hakel begründete seine Rückkehr mit seiner Zugehörigkeit zu Wien und zur deutschen Sprache, im übrigen mache er sich keine Illusionen bezüglich des latenten Antisemitismus in Wien (und nicht nur in Wien). Die fatalistische, beinahe zynische Gelassenheit, mit der er erklärte, es sei nur eine Frage der Zeit, wann es wieder losgehe, hat mich damals verstört und auch empört. Kurze Zeit nach meiner Rückkehr aus Wien berichteten die Zeitungen und Wiener Freunde von den widerwärtigen Auswüchsen des neuen oder ewig-alten Antisemitismus im Wien des Kurt Waldheim...

Ein dreiviertel Jahr nach meinem letzten Besuch in Wien erhielt ich die Todesanzeige Hermann Hakels. Tags zuvor hatte ich einen Brief an ihn begonnen. Zu spät. Dieses verfluchte „zu spät", das sich immer und als erstes einstellt, wenn jemand gestorben ist. Da sitzt man dann mit ein paar Briefen, ein paar lächerlichen Tagebuchnotizen, einigen Gedichten und etlichen Erinnerungen, die einem, will man sie, so wie ich jetzt, aufschreiben, lückenhaft, unvollständig und recht zweifelhaft vorkommen, so, als wisse man im Grunde überhaupt nichts. Es ist noch schwerer, den Toten gerecht zu werden, als den Lebenden. Sie werden einem endgültig fremd. Mit Worten sind sie nicht mehr zu erreichen.

Also? Wien ist leerer geworden für mich. Aber es bleiben Spuren zurück, wer weiß, vielleicht sogar kleine Weichenstellungen. Und immerhin: die erste Veröffentlichung. Und so etwas ist natürlich ein markanter Punkt in der Geschichte eines...

Wie Wien wirklich ist, interessiert mich mittlerweile nicht mehr.

RAINER BRANDENBURG

Geboren 1956 in Walsrode.
Studium (Germanistik, Geschichte, Philosophie).
Lebt in Hamburg.

Bringt man als junger Autor seine Manuskripte zum Schalter, so stellt man schnell fest, daß in erster Linie die Kopierläden und die Post an dem Versuch verdienen, sich in der Welt der Literatur einen Namen zu machen. Auf eine Antwort darf der Anfänger nicht rechnen. Liegt nach Monaten eine mehr als zweizeilige Absage im Briefkasten, hat man das Gefühl, entdeckt worden zu sein.

Meine „Begegnung" mit Hermann Hakel begann 1983 mit einer sehr freundlich formulierten Druckzusage für einen kurzen Aufsatz in der Zeitschrift LYNKEUS. Im Laufe des nächsten Jahres entdeckte ich in einem Magazin des Literaturarchivs Marbach ein Bild des 26jährigen Hermann Hakel, der zu meinem Erstaunen ein Bekannter genau des Mannes gewesen war, dem im Rahmen des von mir begonnenen Dissertationsvorhabens meine ganze Aufmerksamkeit galt, nämlich Jean Améry. Hermann Hakel erklärte sich bereit, sowohl einen zweiten Aufsatz von mir zu drucken als auch in einem Gespräch Auskunft „über den jungen Mayer (= Jean Améry)" zu geben. Im Juli 1985 fuhr ich nach Wien, ausgerüstet mit der Adresse und der Telefonnummer des Zeitzeugen, den ich befragen wollte. In unserem zweiten Telefonat verabredeten wir uns für den Nachmittag des 26. Juli; Hermann Hakel ignorierte die von mir selbstbewußt hervorgehobene Ortskenntnis, auf die ich mich als routinierter Großstädter nach kurzem Wienaufenthalt berief und diktierte mir unnachgiebig seine Vorstellung von der optimalen Verbindung zwischen der Vereinsgasse, meinem Ausgangspunkt, und der Babenbergerstraße, „... hören Sie zu, haben Sie das?" Seine energischen und peniblen Ausführungen duldeten kein „das finde ich schon" und mündeten in dem Satz — „und dann brauchens' noch einen Schilling für den Aufzug."

Ich fand mich kurz vor der verabredeten Zeit in der Babenbergerstraße ein und wartete noch zehn Minuten vor dem Haus, um durch größtmögliche Pünktlichkeit eine günstige Voraussetzung für unser Gespräch zu schaffen. Nach einer Zigarettenlänge betrat ich das Treppenhaus, das über einen alten Aufzug verfügt, der bei Bedarf wirklich mit einem Schilling gefüttert werden muß. Obwohl ich nur in den ersten Stock wollte, machte ich von dieser Einrichtung Gebrauch, da dieser 26. Juli erstens ein sehr heißer Tag gewesen ist und ich zweitens nach etlichen Eigenmächtigkeiten auf dem Weg ins Stadtzentrum wenigstens auf der Zielgeraden den Direktiven „meines Verlegers" entsprechen wollte, der nur wenig Widerspruch zu dulden schien.

Eine ältere Dame öffnete mir die Haustür. In Kenntnis des Termins führte sie mich ohne viel Worte durch eine große Wohnung zu einem Tisch, an dem Herr Hakel mich erwartete. Der junge Mann von dem Foto aus dem Jahre 1937 mit den großen melancholischen Augen und dem dicken Krawattenknoten war mittlerweile 74 Jahre alt, was zu errechnen ich versäumt hatte. Bedingt durch seine angeschlagene Gesundheit, über die er mich schriftlich unterrichtet hatte, trug er anläßlich meines Besuches keinen Anzug, sondern Pyjama und Morgenrock. Vor ihm stand eine Tasse mit einem Beutel Kamillen- oder Pfefferminztee, der für die Dauer unseres Gesprächs — drei Stunden — ungestört ziehen durfte.

Schon nach wenigen Worten der Begrüßung wurde ich und nicht Hermann Hakel interviewt. „Sagen Sie einmal, wie sind Sie eigentlich auf diesen unglückseligen Mayer gekommen?" Die Requisiten der Krankheit und des Alters schienen „Tarnung" zu sein. Seine großen Augen waren munter und seine Stimme fest. Neugierig bis erheitert machte er sich lustig über den vollbärtigen Doktoranden aus Hamburg — „Sie könnten viel jünger aussehen." War es vielleicht ursprünglich meine Absicht gewesen, in dieser Wohnung, gestützt auf einige Fragen, eine Form von Archäologie zu betreiben, so mußte ich bald feststellen, daß der streitbare Herr im Morgenrock in keinem Moment daran dachte, stillzuhalten. Zwar ermunterte er mich in Abständen zu immer neuen Fragen — „War Améry eigentlich beeinflußt von ...?" —, um dann kurzerhand einzugreifen — „Wissen Sie, der Mayer war ein armer Hund, immer sooo ein Gesicht (Hakels mimische Illustrationen verdienten eine eigene Würdigung), aber seine Freundin war bildhübsch." Von hübschen Frauen erzählte er gern und viel. Als er bei der ebenfalls hübschen Frau von Leo Perutz angelangt war — „in ihr blieben alle Männerblicke stecken" —, konnte ich ihn erfolgreich unterbrechen, da ich über eben diesen Schriftsteller meine Examensarbeit geschrieben hatte. „Den haben Sie auch gekannt?" Auf diese fahrlässige Bemerkung hin folgte eine lange Liste von Autoren — „Ich kenne sie doch alle, den Mayer, den Canetti, den Musil, den Meyrink, den Polgar, die Bachmann, die Hahn, ...".

Kam der immer munterer werdende LYNKEUS-Herausgeber im Rahmen seiner großzügigen Exkurse wieder auf Améry oder Perutz zu sprechen, machte ich zügig meine Notizen. Von einem Interview konnte schon lange nicht mehr die Rede sein. Glücklicherweise hatte ich kein Tonbandgerät mitgenommen, denn mein Gastgeber erzählte mir ziemlich unverblümt, was er von diesen „Wichtigtuern" hielt, die einem ständig „eine Nudel (= Mikrophon)" ins Gesicht halten. Überhaupt fiel seine Wortwahl in Sachen Lob und Tadel nicht gerade zimperlich aus. Bezeichnete er einen Verleger oder Autoren als „aufgeblähten Ignoranten", so war dieser noch glimpflich davongekommen. Gänzlich entbunden von thematischen Zwängen plauderten wir im wahrsten Sinne des Wortes über Gott und die Welt. Die dabei mir zugewiesene Rolle des interessierten Stichwortgebers nahm ich nicht ungern an.

Gegen Ende des Nachmittags verabredeten wir uns für den 29. Juli. Hermann Hakel entließ mich mit der Bitte, in drei Tagen konkrete Fragen mitzubringen. „Du Schelm", dachte ich, ließ mich von der freundlichen Dame zur Tür führen und stieg wieder in den Aufzug.

Unser nächstes und letztes Treffen, es dauerte eine Stunde länger, wurde eine nahtlose Fortsetzung der ersten Begegnung. Neben den Informationen zur Person Amérys, erfuhr ich durch Hermann Hakel, der mich schon in aufgeräumter Stimmung empfing, wieder viel Grundsätzliches zu allen Bereichen menschlichen Lebens. Unbelastet durch Interviewstrategien hörte ich einem Mann zu, der pointiert und geistreich mit Theorien und Gedankengebäuden jonglierte, deren Gewicht und Zahl ihn nicht selten veranlaßten, waghalsige und teils gekonnt schlampige Schlußfolgerungen zu ziehen, die durch ein ironisches Lachen abgefedert wurden. Zwischen all diesen Mäandern von Literaturkritik, Autobiographie, Judentum, Volkskunde, Sexualität und Theologie erkundigte sich der Vortragende reichlich abrupt und offensiv nach meiner Person, meiner Herkunft und meinen Plänen. Das Fazit der Daten — vollbärtiger, preußischer Doktorand ohne Bodenständigkeit und konkrete Berufspläne — fiel in den Augen des lebhaften Wieners, der mich nachdrücklich auf die Bedeutung von Dialekt und Heimat hingewiesen hatte, nicht unbedingt zu meinen Gunsten aus. Begnadigt fühlte ich mich dann durch die Bemerkung: „Für mich ist schon ein Held, wer Kinder hat und für sie sorgt." Dieses Lob wirkte aber nur wenige Augenblicke, denn kurz darauf fielen die Sätze: „Bis dreißig ist doch schon alles gelaufen, ab da wiederholt man sich. Sicher, es gibt Ausnahmen. Goethe, ein ausgereiftes Alterswerk, ein Altersstil." Neben Goethe erhielten noch Jünger, Flaubert und Polgar —

„eine Seite Polgar für fünfhundert Seiten Grass" — gute Noten in den Ausführungen Hakels, in denen es ansonsten Seitenhiebe hagelte.

Gegen Abend beendete mein „Zeuge" seine Audienz, wünschte mir alles Gute und gab mir den Rat, in meiner Arbeit nicht locker zu lassen.

Während sich der Zug in Richtung Hamburg bewegte, wurde mir bewußt, daß ich keinen Informanten, sondern einen interessanten Mann getroffen hatte. Wenige Tage später erhielt ich, wie versprochen, Unterlagen und Adressen, die mir bei meiner Arbeit weiterhelfen sollten. Dem Material war wieder ein freundlicher Brief beigefügt. „Freuen Sie sich an der Entwicklung Ihrer Zwillinge — seien Sie ihnen ein aufmerksamer Vater und erst in zweiter Linie Literat. Kommen Sie wieder einmal nach Wien, im Gespräch tue ich mich leichter." Zu einem erneuten Gespräch ist es nicht mehr gekommen. — Schreibe ich den Namen Hakel nieder, so erinnere ich mich an einzelne Sätze, die sich in mein Reisegepäck eingeschmuggelt haben. „Es ist gefährlich, nur Talent zu haben, ohne etwas zu sein; alles wird dann seifig und zerfällt zwischen den Händen." Ein Jahr nach unserer einzigen Begegnung wurde meine Sympathie für diesen Mann endgültig. Ich erhielt einen Registerband des LYNKEUS, der, bedingt durch die Unvoreingenommenheit des Alphabetes, meinen Namen zwischen Borges und Brecht plazierte.

DAGMAR LORENZ

Geboren 1957 in Wiesbaden.
Studium (Sinologie, Ostas. Kulturwissenschaft, Germanistik).
Übersetzerin und Publizistin.
Lebt in Wiesbaden.

Spät, sehr spät erst habe ich sein literarisches Werk kennengelernt. Der Schriftsteller Hermann Hakel interessierte mich zunächst als Zeitzeuge. Ich befand mich damals auf der Suche nach den literarischen Anfängen eines anderen, ebenfalls aus Wien stammenden Autors, dessen späteres Pseudonym romanischer Klangfärbung die österreichische Herkunft nicht auf den ersten Blick offenbarte. Es handelte sich um Jean Améry. Während meiner Recherchen fiel mir eine im Wien der dreißiger Jahre erschienene Anthologie in die Hände, das „Jahrbuch 1935", ein Kompendium diverser Erstveröffentlichungen junger, damals noch unbekannter Autoren. Herausgeber war Hermann Hakel. Kurze Zeit später stieß ich in einem Jean Améry gewidmeten Gedenkband auf eine Photographie älteren Datums, die Hermann Hakel als jungen Lektor und Literaten zeigte: einen schlanken, korrekt gekleideten Mann von etwa Mitte zwanzig mit melancholisch in die Ferne gerichtetem Blick. Buch und Photographie bestimmten mich, Hermann Hakel aufzusuchen, um ihn über die Wiener Literaturszene der zwanziger und dreißiger Jahre im allgemeinen, im besonderen jedoch über seinen Schriftstellerkollegen zu befragen. Briefe wurden gewechselt, ein Termin vereinbart. Hermann Hakel, der sich zu dieser Zeit in Heidelberg aufhielt, schlug vor, daß wir uns dort in der Wohnung einer Bekannten treffen sollten. Ich akzeptierte und stand zum verabredeten Zeitpunkt vor der Tür. Er öffnete selbst: ein älterer Herr von kleiner Statur, zerfurchte Gesichtszüge, forschender Blick. Die verblichene Photographie des jungen Mannes im Hinterkopf ließ mich anfangs zögern. Irritation und Befangenheit schwanden gleichwohl, als Hermann Hakel zu erzählen begann und das Bild des jungen Wiener Schriftstellers vor dem inneren Auge des Zuhörers wieder erstehen ließ. Es waren keineswegs nur biographisch-anekdotische Details aus einer längst versunkenen Welt, die in der rückblickenden Erzählung wieder Eigenleben gewannen. Hermann Hakel zeichnete das Portrait einer ganzen Generation junger Künstler und Literaten, die im Wien der zwanziger und dreißiger Jahre ihre geistige Orientierung suchte, sei es als Anhänger einer der zahlreichen „Kreise" — von den Freudianern über die Austromarxisten, bis zum Wiener Neopositivistenkreis und den Karl Kraus-Lesern reichte die Palette —, sei es als einzelgängerische Caféhausdebatteure. Daneben existierten auch weniger prominente Zirkel: so galt die Volkshochschule in der Leopoldstadt als ein Forum für junge Autoren wie beispielsweise Friedrich Bergammer, Elias Canetti,

Hermann Hakel natürlich und den späteren Jean Améry. Hier war es, wo die so unterschiedlichen Wege der beiden Schriftsteller sich kreuzten: Hermann Hakel und Jean Améry, der sich damals noch Hans Mayer nannte, hatten ihren Platz in jenem geistig vitalen Umfeld gefunden, das die Kurse, Seminare und zahlreichen Debatten in der Volkshochschule Leopoldstadt um ihren damaligen Leiter Leopold Langhammer auszeichnete. Das aufgeschlossen-fortschrittliche Ambiente dieser Enklave im Wien des kleriko-faschistischen Österreich war nicht zuletzt auf das Publikum der Volkshochschule zurückzuführen, das — wie ein weiterer Zeitzeuge, Ernst Schönwiese, berichtet — auch wegen des hohen Anteils an jüdischen Arbeitern und Angestellten eine Hörerschaft von beachtlicher Intellektualität darstellte. Jüdischer, bzw. halbjüdischer Herkunft waren auch Hermann Hakel und Hanns Mayer: zwei Wiener Intellektuelle von entschiedener Individualität, die gleichwohl in ihren Debatten nur wenig Gemeinsamkeiten hinsichtlich weltanschaulicher und literarischer Fragen miteinander teilten. Der eine — Hans Mayer — Agnostiker, damals noch stark vom Denken des Wiener Neopositivismus beeinflußt, wonach dem Wort — dem dichterischen allzumal — kein Quentchen von jener magischen Ausstrahlung zukommt, die der andere — Hermann Hakel — engagiert für Literatur und Dichtung reklamierte und bis zuletzt wohl verteidigt hat. Hermann Hakel war es auch, der schon damals die integrierende Kraft seines Judentums für sich entdeckt hatte und deren religiöse Fundierung bewußt bejahte. Zweifelsohne spricht sein eindrucksvolles Bekenntnis bereits aus den frühen Versen von 1934, die der Autor mit dem Titel „Ein Jude" überschrieben hatte:

„Vor Angst schließ ich die Augen, wenn die alten
Geschlechter in mir fragen: Wer ich sei?
Ein Jude war ich unter Römern, Griechen
und in Ägypten war ich auch dabei —
Und tiefer noch, vom Menschenursprung her
schaut mich ein Dunkler an — ich weiß nicht wer —"

Während sich Hermann Hakel stets vorbehaltlos zu seinem Judentum bekannte, erfolgte die Identifikation mit der jüdischen Herkunft bei Hans Mayer erst unter dem Druck des wachsenden Antisemitismus. Lange Jahre nach den furchtbaren Erfahrungen in deutschen Konzentrationslagern sollte der spätere Jean Améry sein Judentum als jüdische Schicksalsgemeinschaft definieren. Die religiösen Wurzeln dieser Gemeinschaft blieben ihm dabei zeit seines Lebens fremd — eine Haltung, die ihrerseits bei Hermann Hakel auf Unverständnis, ja auf Ablehnung stieß.

Auch schriftstellerisch schlugen beide Autoren getrennte Wege ein. Während Jean Améry essayistisch-erzählerisch wirkte, bevorzugte Hermann Hakel — bei allem pointierten Ausdruck — eher lyrische Formen. Seine Zeitgedichte verraten Engagement und existentiellen Zweifel, verweisen indirekt auf Heinrich Heine: eine deutsch-jüdische Literaturtradition, die Hermann Hakel auch immer wieder im Gespräch erwähnte. Ironie und satirische Zuspitzung, oft scheinbar bitterböses Lachen über die Zeitzustände im Wien der Vor-, Zwischenkriegs- und Nachkriegszeiten kennzeichnen seinen Stil. Da schrieb einer, den das Leben gelehrt hatte, keine Illusionen mehr über Menschen und Situationen zu hegen. Eine andere, gleichsam die Nachtseite des Hakelschen Œuvres allerdings, ist die alles überschattende Trauer über den Verlust des wahren, noch nicht deformierten Menschen, die Trauer über jene verlorene Kulturtradition, deren Reste durch die Barbarei der Nazis unwiederbringlich hinweggefegt wurden. So wohnt auch seinem Gedicht „Heidelberg" — mir besonders teuer, da es den Ort unserer Begegnung symbolisch bezeichnet — eine besondere Melancholie inne, heißt es doch im Text:

Wo Hölderlin gegangen
und wo das Wunderhorn erklang,
dort sitz ich jetzt befangen
und denk an Wahn und Untergang.
(...)
und wie's die Welt vernichtet
mit Rassenwahn und Massenmord,
so spricht es jetzt und dichtet
vernichtend jedes deutsche Wort.

Auch die literarischen Debatten der jungen Wiener Schriftsteller wurden durch die Naziherrschaft gewaltsam beendet. Publikum und Autoren an der Volkshochschule Leopoldstadt erlebten die Vernichtung des intellektuellen Lebens in Österreich mit dem Einmarsch der deutschen Truppen im Jahre 1938.

Was folgte, ist bekannt: das Exil — ein manchmal allzu beschönigendes Wort für permanente Vertreibung und unstetes Umherirren im Europa jener Tage — und, schlimmer noch, — die Todeslager der Henker für diejenigen, die mit dem „Geburtsfehler" jüdischer Abstammung gezeichnet waren. Hermann Hakel und

Hans Mayer drohte dasselbe Schicksal. Beide emigrierten, — in verschiedene Richtungen: während sich Hans Mayer nach Belgien wandte, ging Hermann Hakel nach Italien. Beide wurden indes von den Henkern eingeholt — und überlebten um Haaresbreite. Beide setzten ihren Weg in der Nachkriegszeit fort, suchten die erfahrenen Schrecken durch Schreiben zu verarbeiten, Hermann Hakel in Wien, Jean Améry in Brüssel. Ungeachtet aller Unterschiedlichkeit verbindet die brillante Essayistik eines Jean Améry und die sensibel gestalteten Zeitgedichte eines Hermann Hakel eine Gemeinsamkeit: die völlig unprätentiöse, zuweilen mit Empörung gemischte Trauer über die Leichtfertigkeit des Vergessens, über die scheinbare Sinnlosigkeit ihrer Leiden, über die verlorene kulturelle Identität. Hermann Hakel hat seinen Empfindungen beredten Ausdruck in diversen Prosaarbeiten verliehen: es sind kurze Stimmungs- und Erzählskizzen, Traumaufzeichnungen von eigentümlicher Dichte — Atmosphärisches, an Peter Altenberg erinnernd, doch weniger impressionistische Leichtigkeit verbreitend, eher mit sarkastischem Impetus endend und das Typische in der einzelnen Beobachtung aufsuchend. Da ist beispielsweise das kurze Stück „Erinnerung", in dem der Autor sein schriftstellerisches Credo formuliert, „Lebensgeschichten als einziges Thema des Menschen, seines Geistes und seiner Sprache zu schreiben." Von eigenartig faszinierender Wirkung sind auch seine „Prater"-Skizzen, ein Gang durch die geschichtliche Geographie Wiens. Hermann Hakel begnügte sich indes keinesfalls mit der Veröffentlichung eigener Arbeiten. Er fungierte darüber hinaus als Herausgeber vergessener, lesenswerter literarischer Texte, die es für die Öffentlichkeit neu zu entdecken galt. Viel Wien-Spezifisches findet sich unter den zahlreichen Anthologien und Aufsätzen: Nestroy und Daniel Spitzer, aber auch Jiddische Geschichten und ein Kunstbuch über die Malerei des Phantastischen Realismus, um nur einiges zu nennen. Auch die von Hermann Hakel geleitete Literaturzeitschrift mit dem bezeichnenden Namen „Lynkeus" — der scharfblickende Steuermann der Argonauten aus dem griechischen Mythos hatte hier Pate gestanden — zählte zu diesen Aktivitäten. Hier wiederum fanden unbekannte Autoren einer weit jüngeren Generation ihren Platz neben erneut abgedruckten Marginalien prominenter Verfasser. Das literarische Engagement „wider die Erosionsarbeit der Zeit", wie Jean Améry einmal einen seiner Essays betitelte, trifft auch auf die Arbeit Hermann Hakels zu. Insofern eröffnet sich für den Leser beider Autoren eine — von Hermann Hakel und Jean Améry zu Lebzeiten sicherlich niemals beabsichtigte, doch unbestreitbar fruchtbare — Möglichkeit, die Texte beider Schriftsteller als zeitkritisch-literarische Dialoge zu lesen.

Hermann Hakel und Jean Améry: zwei gegensätzliche Temperamente, die nichtsdestoweniger im Rahmen ihrer und unserer aktuellen Zeitgeschichtlichkeit einander ergänzen.

„Wo wird einst des Wandermüden / letzte Ruhestätte sein?" dichtete vor mehr als einem Jahrhundert der Emigrant Heinrich Heine. Zur letzten Ruhestätte für Hermann Hakel und Jean Améry wurde — nach ermüdender Wanderschaft — der geographische Ort ihrer literarischen Anfänge: Wien.

MARTIN AMANSHAUSER

Geboren 1968 in Salzburg.
Studium (Romanistik).
Lebt in Lissabon.

Als ich 1968 zur Welt kam, war er 57.

Erste Erinnerungen an Hakel, die Schachtel Ildefonso, die er mir bei jedem Besuch schenkte, das schwere Atmen, ein kleines gelbliches Gesicht, seine Gespräche mit meinem Vater, Worte, sehr viele Worte, unverständlich, geheimnisvoll.

Ausflüge im Sommer nach Faistenau. Dort wohnt Hakel in einer kleinen Pension.

Sommer 1976, ein Foto im Familienalbum. Hakel wehrt sich mit einem süßen Lächeln gegen das Ritual des Fotografiertwerdens.

Daneben mein eigener Kopf, achtjährig. Ich sitze auf einem Mauervorsprung, die dünnen Knie sind in der Höhe von Hakels Gesicht; Gedanken an Himbeereis, Schwimmbad und Ildefonso.

Beginn der Achtziger Jahre. Ich bin mit den Veränderungen an meinem Körper beschäftigt, Hakel gehört zum Leben meines Vaters. Ein kurzer Besuch in Wien, ein Spaziergang im Prater. Ich begreife die große Zerbrechlichkeit seines Lebens. Berichterstattung von seiner Krankheit, Reisen des Vaters nach Wien.

Dann kommt der 19. April 1987. Ich bin in Wien und telefoniere mit Hakel. Seine Stimme kommt mir jung vor und begeistert. Eine kurze Fahrt mit der U-Bahn durch den warmen Frühling von 1987.

Dann stehe ich in der Babenbergerstraße vor Hakels Haustür, läute, suche nach Worten und finde keine.

Der gleiche kleine alte Mann, er führt mich ins Wohnzimmer, gibt kurze und eher abfällige Erklärungen ab über sein Herz und über Medikamente. Ich bin überrascht und sprachlos. Hakels Existenz ist verifiziert. Ein Phantom aus meiner Jugend stimmt mit der Realität überein.

Sein ausgelaugter Körper wird von einem schlagenden Scharfsinn zusammengehalten und sondert eine wahnsinnige Mischung aus Rezitieren, Atmen, Husten, Spucken und aggressivem Sprechen ab. Jedes seiner Wörter ist zwingend. Gegen diesen fast körperlichen Zwang bleibt kein Widerspruch bestehen.

„Europa hat keine Zukunft. Die Europäer sind ein Volk von primitiven Jägern gewesen; die Chinesen hingegen waren Bauern und die Araber waren langsame, schweigsame und beständige Menschen. Aber jetzt hat man allen die Atombombe unter den Hintern gesetzt." Er überschüttet die moderne Welt mit Hohn, er lacht

verächtlich über die glitzernde Kinderwelt des Christentums, er verachtet die Demokratie als „Politik der Hausbesorger".
Und er spottet über den alten, zerbrechlichen Körper, in den sein Bewußtsein gesperrt ist.
„Meine Geschichte ist die Geschichte von ungefähr 1914 bis vor zwei, drei Jahren"; das klingt so wenig nach Resignation und so sehr nach Konsequenz, daß es mich trifft. Er hat zu schreiben aufgehört.
„Du kannst doch nicht aufhören", sage ich zu ihm, „nicht einfach aufhören zu leben, du mußt doch weiterhin alles aufschreiben, du mußt doch leben, solange du lebst": Ich rede auf ihn ein.
„Wozu?" fragt er. „Es ist lange genug geschrieben worden; es wurde lange genug Politik gemacht."
„Mein Leben ist zu Ende. Für wen soll ich schreiben? Es gibt keine Nachwelt für mich." Ich suche Entsetzen in seinen Augen oder wenigstens Selbstbetrug, aber ich finde Wissen und Traurigkeit.
„Mit 19 Jahren habe ich Bilder gemalt, das waren gute Bilder, aber keine sehr guten. Zur gleichen Zeit gab es Kokoschka und Klee, das konnte ich nie erreichen; ich wollte mich im Donaukanal ertränken." Mit den Füßen schon im Wasser „hab ich erkannt, daß mein ganzes Leben auf Lügen aufgebaut war: Ich log mir vor, ein großer Künstler zu sein, gleichzeitig log ich den Eltern vor, regelmäßig in die Schule zu gehen. Mein ganzes Leben war auf Lügen gebaut." Weil er diese Dinge erkannt hat, erkennt er, daß es „doch etwas in meinem Gehirn gibt, was die Wahrheit an den Tag bringt."
Er beschließt zu meditieren, zu sprechen, zu schreiben.
Seine Flucht aus der Welt, die ihn nicht wollte und die er belog. Zu Fuß von Wien über Salzburg und Innsbruck nach Milano und Florenz. „Jetzt tippeln sogar schon die Juden", sagt ein Tiroler Wirt.
Aufenthalt in Italien, Verfolgung, Krieg.
1945. Die prominenten Köpfe des Reiches sind abgehackt. In Österreich beginnt man am schnellsten mit der Versöhnung. Man versöhnt sich mit den Tätern aus den eigenen Reihen. Mit mühsam kaschiertem Eifer werden die Posten neu verteilt. „Ich hätt vielleicht nicht mehr zurückkommen sollen nach Wien. Aber jetzt sitz ich da in der Wohnung und kann überhaupt nicht mehr weg."
Er entschuldigt sich, weil er schrecklich husten muß, setzt die

Maske des Inhaliergeräts auf. Dabei redet er fast ununterbrochen. Kleine Dampfwölkchen steigen zwischen Maske und Gesicht in die Luft und verlieren sich an der hohen Decke; in grotesk von der Maske verzerrten Worten lobt er atemlos die sparsame Lyrik von William C. Williams. Dann verhöhnt er große Teile der Avantgarde: „Wenn ein Gedicht nicht für jedermann verständlich ist, brauchst du es gar net schreiben. Da kann man gleich Aaah-Aaah schreien!"

Nie gewählt zu haben und nie einer Partei beigetreten zu sein, ist sein ganzer Stolz. „Ich habe mich nicht verkauft an die Demokratie, wie die anderen." Als ich ihn als Anarchisten bezeichne, lacht er, widerspricht aber nicht.

In unser Gespräch mischt sich etwas Ungreifbares. Der heiße Frühlingstag bedrückt ihn. Es kann sein, daß seine Stimme leiser geworden ist. Er bringt mir ein Stück Kuchen aus der Küche.

Worin besteht seine Faszination? Ist es seine Radikalität? Oder seine zurückhaltenden Urteile, die in der Formulierung plötzlich schneidend scharf werden können oder obszön? Ich erinnere mich an einen Besuch in Faistenau, es muß über 10 Jahre her sein, als er mir vorsang: „Auf der Alm, da steht a Kuh, die macht ihr Orschloch auf und zu." Ich war begeistert. Ist es seine Respektlosigkeit gegen alle Klischees und Vorurteile?

„Ich hab mich schon in der alten Welt nicht zurechtgefunden — und heute überhaupt nicht mehr."

Da ist mir seine Anwesenheit plötzlich zu nah und zu intensiv. Ich muß seinen Redefluß unterbrechen. Ich flüchte aufs Clo und sitze lange Zeit untätig dort. Ich fasse keinen Gedanken. Verzweiflung? Luft!

Die Atmosphäre im Wohnzimmer erdrückt mich, Hakel und sein Inhaliergerät sind zu stark, ich lehne mich aus dem Fenster. Luft! Ich verabschiede mich überstürzt.

An der Tür umarmt er mich noch wie ein kleiner hilfloser Vater, er hat meine Veränderung bemerkt und leidet an seiner Erschöpfung. Das letzte, was ich von ihm sehe, ist sein flatternder Bademantel.

Das Stiegengewölbe ist heiß und zu hoch. Auf der Straße spüre ich Erleichterung und tauche mit Routine zurück in die Normalität des Nachmittags. Ich bin wieder wach und frage mich, ob ich denn wirklich bei Hakel war.

EVELYN ADUNKA

Geboren 1965 in Villach.
Studium (Philosophie) und Magister.
Publizistin.
Lebt in Wien.

Meine Erinnerungen an Hermann Hakel gehen zurück auf zwei lange persönliche und einige telefonische Gespräche, die wir im November und Dezember des Vorjahres, kurz vor seinem Tod, führten. Sie zählen (wie ich bereits an anderer Stelle schrieb) zu den bewegendsten und bedeutendsten menschlichen Begegnungen, die ich jemals erleben durfte, und wir hätten sie beide so gerne fortgeführt, hätte sein plötzlicher Tod sie nicht jäh unterbrochen.

Hakel war ein besonderer Mensch. Das ist nicht nur der Titel des Nachrufes von Hans Raimund (und der Titel dieses Buches), sondern das konnte er auch selbst von sich sagen: „Ich bin kein großes Talent als Schriftsteller, nicht einmal ein mittelmäßiges, aber ich bin ein besonderer Mensch." Auch zu mir sprach er von seinem „stillen Größenwahn, etwas Besonderes zu sein", im Zusammenhang mit Moses, der als einziger mit Gott verkehrt habe. Auch Hakel hatte (wie er mir sagte) „solche Urerlebnisse", und sagte zu mir: „Deshalb verstehe ich Moses sehr gut."

Diese Identifizierung mit Moses, die man auch von Freud, den Hakel sonst nicht sehr schätzte, und vielen anderen jüdischen Autoren her kennt, verweist bereits auf seine intensive Beschäftigung mit dem und mit seinem eigenen Judentum. Das war es, das Hakel zu einem so besonderen Menschen machte: Diese Ergriffenheit und Liebe, ein leidenschaftliches, glühendes und brennendes Interesse für den Menschen, für das Menschliche der Menschen — und (wie bereits gesagt) für das einzigartige Phänomen des Judentums. Wie Emmerich Kolovic es beschrieben hat: „Er konnte Menschen, die er gesehen oder erlebt hatte, nie vergessen. Sie gehörten zu seinem innersten Wesen. Und das ist es auch, was er den Leuten von heute immer zum Vorwurf machte: die Ich-Besessenheit, das dauernde Sich-Selbst-Suchen." Hakel lebte eben nicht so egozentrisch und auf sich selbst bezogen, wie man es bei den Menschen hierzulande, wenn man nur wach genug ist, bis in die kuriosesten Begebenheiten hinein oft genug beobachten kann. Das dritte, das ihn wohl zu etwas Besonderem machte, war, daß er mit diesen Eigenschaften sich durchaus als Österreicher und Wiener fühlte und in dieser Stadt, die er als einen „Höllentopf" bezeichnete, leben wollte und zu leben versuchte, was nicht nur zu ungeheuren Konflikten rund um den sogenannten „Kulturbetrieb" führte, sondern auch dazu, daß Hakel hier zum Teil bewußt ignoriert, verkannt und vergessen wurde. Seine Verachtung für die in Österreich in Politik,

Kunst und Kultur heute maßgebenden Menschen war fast grenzenlos und dürfte, wie ich mir vorstelle, mit den Jahren immer größer geworden sein. Ich erinnere mich sehr gut an die zahlreichen prominenten Namen, die er mir im Zusammenhang damit nannte und die ich hier nicht wiederholen möchte. Wenn ich darüber nachdenke, stelle ich fest, daß er mit fast allen diesen Bemerkungen recht hatte, und das ist wohl traurig genug für dieses Land, wenn auch nicht überraschend nach dem Einbruch der Gewalt und Barbarei und der Vertreibung des Geistigen seit den dreißiger Jahren dieses Jahrhunderts.

Ich habe kaum jemanden getroffen, der Friedrich Heer so genau und korrekt erkannt (und vielleicht nicht so sehr gekannt) hat wie Hakel, obwohl ich im Lauf der Zeit, da ich über ihn arbeite, bereits mit sehr vielen Menschen über Heer gesprochen habe. Es gab viele Ähnlichkeiten zwischen beiden, und das, sowie Hakels Sensibilität und Wachheit gegenüber Menschen, die ihn interessierten, dürften wohl die Gründe dafür gewesen sein. Er sah deutlich, wie wenig Heer in dieses kleinkarierte und provinzielle Österreich hineingepaßt hat, und dürfte wohl auch gewußt haben, wie sehr dies auch für ihn selbst galt. „Die Leute haben es nicht gern wenn einer gescheiter ist als sie selbst", sagte er mir völlig zurecht im Zusammenhang mit Heer. Außerdem wunderte sich Hakel darüber und es war ihm ein Rätsel, wie ein so hochintelligenter Mensch wie Heer ein Christ bleiben konnte. Für ihn waren „ein verhältnismäßig gläubiger Christ und ein großer Intelligenzgrad ein Widerspruch in sich selbst." Wie sehr er damit eine Tendenz von Heers intellektueller Entwicklung zum Ausdruck brachte und erfaßt hat, kann ich hier nur erwähnen und ich bin dabei, es an anderer Stelle genauer auszuführen. Diesen Widerspruch zwischen Intelligenz und Christentum, der sicher auch Ausnahmen kennt, hat Hakel, wie es typisch für ihn war, offen und ungeniert ausgesprochen. Aber das ist auch ein Grundgefühl, das er mit vielen jüdischen Denkern unserer Epoche, wohl ohne daß es ihm im einzelnen bewußt war, so vor allem mit Adorno, Benjamin und Scholem, geteilt hatte, wie ich es zufällig gerade untersucht habe und wie es in diesem Land fast völlig unbekannt ist. Damals, als ich diese Arbeit vorbereitet, aber noch nicht geschrieben hatte, war Hakel ungeheuer interessiert daran, wollte am liebsten schon meine Notizen lesen, und ich erinnere mich daran, wie er zu meiner Freude Adorno zwar eitel, aber auch einen „Talmudisten" nannte. Das paßte genau in meine These, die ich über die Beeinflussung Adornos durch das Judentum schrieb, auch wenn Hakel, so interessiert er war, sich über mein Thema ansonsten eher negativ aussprach, da er auch von Adorno, wohl nicht zuletzt aufgrund seines eigenen Antikommunismus, nicht sehr viel hielt. Aber leider konnten wir gerade darüber nur kurz und sehr am Rande sprechen.

Wir trafen uns in unserem gemeinsamen tiefen Interesse für das Judentum. Mit Ausnahme der österreichischen Literatur und Misere kreisen seine Gedanken fast ständig darum. Über die Tatsache, daß das Judentum wie wohl keine andere geistige Kraft durch die Bibel und die von ihr beeinflußten Menschen, aber auch durch die von ihm stammenden Weltreligionen in einem wohl problematischen Sinne auf diese Welt gewirkt hat, konnte Hakel sich nicht genug wundern. Er dachte sich selbst dabei in einen Widerspruch, weil er dem Judentum seinen Universalismus, Humanismus und Messianismus absprach. Für ihn hatten die Juden, wie er mir sagte, keine Menschheitsvorstellung und waren keine Humanisten, und auch der Messianismus sei keine jüdische Sache. Er sah im Judentum nicht mehr als eine einfache, archaische Hirtenreligion: „Was glaubt der Jude: Gott ist ein Hirte und wir sind seine Lamperln. Ganz einfach." Im Fortschrittsdenken sah er eine große Gefahr: „Die deutsche Philosophie ist das Unglück. Weil sie keine Eroberungen machen konnten, schufen sie sich ihre Kolonien im Geist." (Und hier könnte man auf sehr deutliche Parallelen zu W. Benjamins geschichtsphilosophischen Thesen verweisen.) Mein Insistieren auf den oben genannten Widerspruch in unserem Gespräch nutzte wenig. Für Hakel zeigten die drei sogenannten Weltreligionen, die vom Judentum ihren Ausgang nahmen, Christentum, Islam und Marxismus (wie ich mir notierte) zumindest eine Lücke bei den anderen Weltvölkern, aber nicht ein Richtiges im Judentum. Diese Haltung ist für mich ein Rätsel, obwohl ich weiß, daß er damit nicht ganz allein steht, und bei diesem ungelösten Widerspruch ist es geblieben.

Der Widerspruch war umso größer aufgrund seiner Liebe zur jüdischen Tradition, vor allem zur Bibel. Als Herausgeber gab er einige erstklassige Anthologien mit jüdischen oder auf das Judentum bezogenen Texten heraus. Aber auch seine Scheu vor eigenen Veröffentlichungen scheint mit dieser Verbundenheit mit der jüdischen und biblischen Tradition im Zusammenhang gestanden zu haben, wie er mir sagte: „Ein Gedicht in einer Zeitschrift war für mich eine Beleidigung. Dies war so ein Grundgefühl von mir. Die Thora wird schließlich auch noch mit der Hand geschrieben." Für ihn war, wie H. Raimund schrieb, „ein nicht-religiöser Jude... ein Widerspruch in sich selbst", aber auch hier betonte er, jeden Universalismus ablehnend, wie ich mir aufschrieb, daß sein Gott nicht der Gott sei. Hakel schrieb zwei kurze Gedichte, die nicht anders als vollkommen bezeichnet werden können, in denen er seinen tiefen Glauben und seine unkonventionelle Religiosität (die so ungewöhnlich war, daß sie fast als ein Beitrag zu neuen Formen jüdischer Identität in diesem Jahrhundert angesehen werden kann) zum Ausdruck brachte:

BIBEL

Immer vor dem alten Buch
diese Furcht es aufzuschlagen.
Seinen Segen, seinen Fluch
muß ich als mein Erbteil tragen.

Dunkel wie gestocktes Blut
ist worüber ich mich beuge.
Es ist all mein Hab und Gut.
Bin sein Kind und bin sein Zeuge.

GLAUBENSBEKENNTNIS

Ich glaube meinen Vätern
den Gott, dem sie geglaubt
und bete mit den Betern
und beug vor IHM das Haupt.

Mehr ist mir nicht gegeben,
doch auch nicht weniger:
ein jüdisches Wanderleben
zu Fuß durchs Rote Meer.

Im folgenden möchte ich einen Teil meines Nachrufs auf Hakel hinzufügen, in dem ich ebenfalls über ihn und sein Judentum schrieb.

Hakel lebte in Wien völlig zurückgezogen und „verkrochen". Aber das Wichtigste ist, daß ich noch nie, nicht einmal in Israel, einfach gesagt, einen so jüdischen Menschen wie ihn getroffen habe. Er war so jüdisch, daß er mit seinem Gott in dieser Zeit nach Auschwitz (er war in Italien in einem Konzentrationslager) rang und um ihn in unbeschreiblicher Intensität kämpfte und stets in Sorge um die jungen Menschen von heute war. Er war so jüdisch, daß er gegen die Juden heute, „die ja gar keine Juden mehr sind", sprechen konnte, solange „wir unter uns sind, öffentlich kann man das ja nicht sagen". Er war so jüdisch, daß er, der seine Beiträge zur Kultusgemeinde zahlte, der orthodoxen Lebenspraxis und der äußeren Gesetze nicht bedurfte und auf eine ganz andere Weise sich mit seinem Glauben auseinandersetzte. Er war bei weitem kein Antizionist, sehr gegen Weigel, Fried und Kreisky, die er als Trias so benannte, aber er war auch kein Zionist „im gewöhnlichen Sinn".

Hier möchte ich noch einiges aus meinen Aufzeichnungen während der Gespräche mit ihm folgen lassen, genauso wie er damals formuliert hat: „Ich habe die Juden im Osten 1931 noch erlebt; sie und die christlichen Bauern waren zwei in sich geschlossene Gesellschaften, zwei Welten nebeneinander. Aber sie hatten damals mehr Charakter und Substanz als wir heute, weil sie uns vor lauter Anpassung und Assimilierung verlorengingen. Wir waren dort fast ein Normalvolk. Aber die Juden heute? Sie sind europäisierter als die Europäer. Ich bin sehr jüdisch, so jüdisch, daß ich gegen Juden bin. Mein ganzes Leben war das Ringen um einen Gottesbegriff, ein Ringen, mit Gott im reinen zu sein. Aber ich habe auch sehr gelebt und geliebt, was man soll. Ich glaube, daß die alte Glaubenswelt im Zusammenbruch steht. Die Menschen heute können nicht mehr glauben: Ich kann es kaum. Das Bittere, aber nicht für mich, ist dabei, daß man nichts mehr weitergeben kann, keinen Glauben mehr, wenn man selbst keinen Halt hat. Wenn wir Glück haben, bleiben wir Juden eine Million. Bei einer erhöhten Intelligenz und Kritik hält der Glaube nicht stand. Heute sind die Juden nur zufällig Überlebende, und das Judesein ist keine Kunst. Aber das nächste Pogrom kommt bestimmt.

Ich lebe in der deutschen Sprache, und es gibt keine deutschen Juden mehr. Wen soll ich lesen und zu wem schreiben? Tragischerweise ist Österreich für mich meine Heimat. Ich bin eigentlich ein Österreicher der Kaiserzeit und der Ersten Republik. Aber der Paß der Juden ist die Bibel. Die Juden haben ihr Buch und sind in der Heimat: Das ist die Bibel. Ich wollte immer so wie die Bibel schreiben: So klar, so einfach und naiv, wie man erzählt. Ich schrieb dafür 3000 Seiten Prosa, um einen Stil zu bekommen, aber es gelang nicht. Als ich dies einmal Canetti erzählte, meinte er: Dies könne niemand. Ich habe auch in meiner ganzen Lyrik und Prosa nie etwas Erfundenes geschrieben, und deshalb schrieb ich auch keine Romane.

Das Schönste an uns ist: Daß wir ein Volk aus einer Idee wurden. Auf jeden Fall haben wir einen Gott der Gerechtigkeit. Deshalb hat Recht, soziale Gerechtigkeit ein solches Übergewicht bei uns. Die echte Trauer läßt es nicht zu, mit den toten Juden Geschäfte zu machen. Hitler war und blieb ein Schmierenkomödiant, von denen es damals massenhaft welche gab. Auch Wien war und blieb ein Höllentopf. Aber kein Volk hat so sehr wie wir den Mut gehabt, die größten Niedrigkeiten und gemeinsten Gemeinheiten auf eine Weise einzugestehen wie in der Bibel. Deshalb verstehe ich Moses und die Gestalten der Bibel so gut. Als ich die Bibel zum ersten Mal las, hatte ich immer das Gefühl: ‚Das bin ja ich'."

Hakels Pessimismus, die Zukunft der Welt und des Judentums betreffend, zugleich mit seiner tiefen Verbundenheit mit der jüdischen Tradition waren sehr groß, und einmal hat er mir gegenüber beides in einem Satz so zusammengefaßt: „Wenn es noch Juden gäbe, aber es gibt sie nicht, müßte man die Bibel weiterschreiben." Genau diese Zusammenhänge, biblisches Denken in unserer Zeit und trotz oder gerade wegen ihrer Katastrophen, habe ich unlängst, mit einer Erwähnung Hakels, in der Arbeit "Towards a New Psalter" untersucht.

Hakel gehörte zu einer Generation, Kultur und einem Milieu, deren Menschen in diesem Jahrhundert fast völlig ausgerottet, vertrieben und entwurzelt wurden. H. H. Hahnl schrieb zurecht, daß mit ihm einer „der letzten Wiener Juden" gestorben war. Sich an einen Menschen wie ihn zu erinnern kann deshalb nicht anders als in einer großen Melancholie geschehen. Die Tradition, die er noch verkörpert hat, wird immer mehr verdünnt. Hakel selbst hat darum gewußt. In der Arbeit über Adorno beschrieb ich diesen Prozeß (im Zusammenhang mit einem Gedicht von Hermann Hakel): „Wenn wir ihre Spuren" (der Tradition) „von denen wir zehren, nicht tradieren und in uns aufnehmen, drohen sie zu verlöschen..." Es gibt ein Gedicht von Hermann Hakel, das diese Situation exakt und vollkommen ausdrückt:

DAS WORT

Wir haben mit Goethe gesprochen.
Wir haben mit Kant diskutiert.
Das Wort hat mit uns nicht gebrochen.
Es ist mit uns emigriert.
Es ist mit uns geflüchtet.
Es war und ist unser Heim.
Deutsch haben wir jüdisch gedichtet.
Ich bin der letzte Reim.

BRIEFE UND KARTEN AN HERMANN HAKEL

Abbildungen von Originalen

Reihenfolge der Absender:

*Hermann Hesse
Wilhelm Worringer
Franz Theodor Csokor
Ernst Waldinger
Hans Erich Nossack
Georg Britting
Max Mell
Ernst Jünger
Albert Paris Gütersloh*

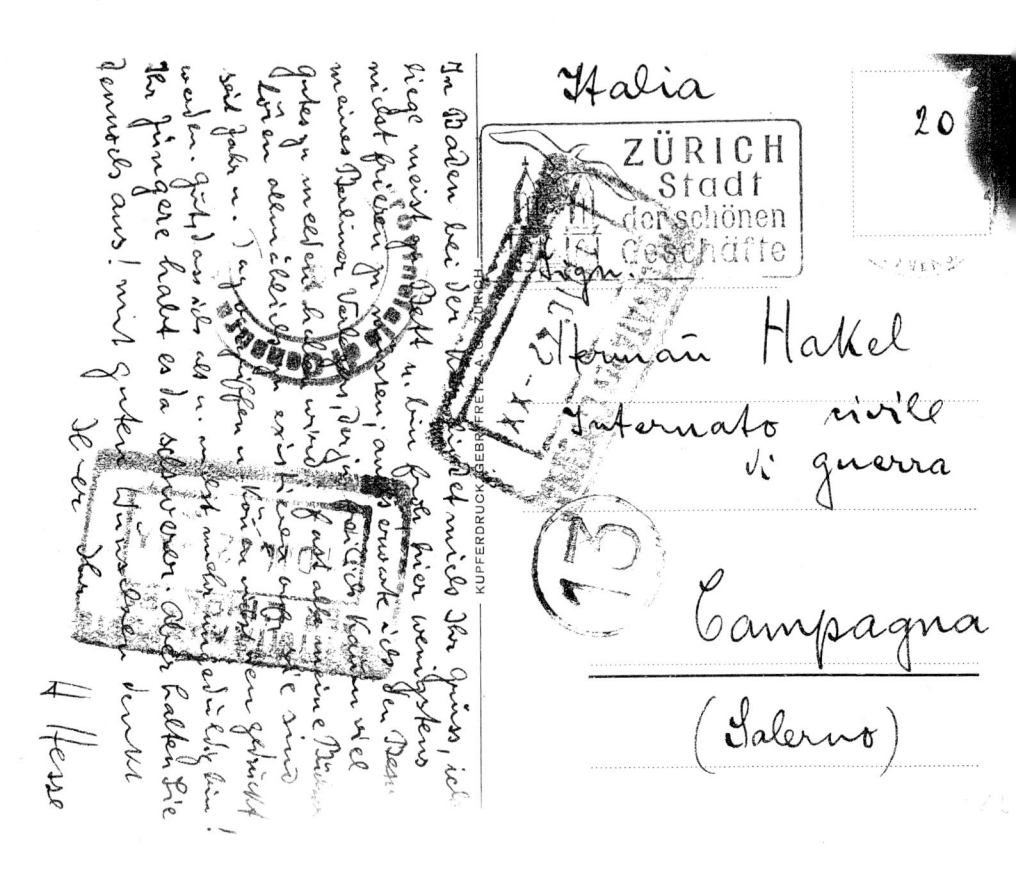

Italia (1942)
Sign.
Hermann Hakel
Internato civile di guerra
Campagna (Salerno)

In Baden bei der Kur findet mich Ihr Gruß, ich liege meist zu Bett und bin froh, hier wenigstens nicht frieren zu müssen; auch erwarte ich den Besuch meines Berliner Verlegers, der ja freilich kaum viel Gutes zu melden haben wird: fast alle meine Bücher hören allmählich zu existieren auf, sie sind seit Jahr und Tag vergriffen und können nicht neu gedruckt werden. Gut, daß ich alt und nicht mehr ungeduldig bin! Ihr Jüngere habt es da schwerer. Aber halten Sie dennoch aus!

Mit guten Wünschen denkt Ihrer

Ihr

H. Hesse

28. VI. 54

lieber Herr Hakel

nur kurz kann ich heute die Kontaktlosigkeit unterbrechen, in die ich nach dem starken Eindruck Ihres Besuches so unversehens gekommen bin. Gesichtsschmerzen vom Trigeminusnerv her, damit zusammenhängend Ausziehen ahnungs vereiterter Zähne u.s.w. haben mich nun seit vielen Wochen schon körperlich und geistig auf halbe Portion gesetzt — und auch heute trennen mich noch einige Schritte vom völligen Wiedernormalzustand.

Was ich Sie nun wissen lassen will, ist, dass mich in dieser Zwischenzeit Fechter besuchte und dass ich also volle Gelegenheit fand, ihn so für Sie zu interessieren wie ich es selbst tue.

Wir waren uns einig, dass die Einsendung eines Exposés ohne diese vorausgegangene mündliche Information keinen Sinn gehabt hätte, dass sie nun aber immerhin einen ergänzenden Sinn haben könne. Falls Sie eine Folgerung daraus ziehen wollen, hier seine Adresse: Dr Paul Fechter, Berlin-Lichtenrade, Franziusweg 48. (Berufung auf meine Vermittlung selbstverständlich!)

In Parenthese: schliessen Sie nicht aus meiner Fechterfreundschaft auf eine Gesinnungsgemeinschaft, aber man kann gut mit ihm feind sein! Probatum est! kurz: einer meiner befreundetsten Feinde! Wir freuen uns, wenn wir zusammen sind und uns in die Haare geraten können. Wohl, weil jeder vom Andern ein Widerhackelstückchen in sich hat. (Und schliesslich kommt es ja neben allem Was auch auf's Wie an … und das kann recht charmant und amüsant bei ihm sein.) —

Dass meine Grüsse auch immer Wünsche sind, wissen Sie!
Quod si bene verstanden!

Ihr
W. W.

28. VI. 54

Lieber Herr Hakel

nur kurz kann ich heute die Kontaktlosigkeit unterbrechen, in die ich nach dem starken Eindruck Ihres Besuches so unversehens gekommen bin. Gesichtsschmerzen vom Trigeminusnerv her, damit zusammenhängend Ausziehen schwer vereiterter Zähne u.s.w. haben mich nun seit vielen Wochen schon körperlich und geistig auf halbe Portion gesetzt — und auch heute trennen mich noch einige Schritte vom völligen Wiedernormalstand.

Was ich Sie nur wissen lassen will, ist, daß mich in dieser Zwischenzeit Fechter besuchte und daß ich also volle Gelegenheit fand, ihn so für Sie zu interessieren wie ich es selbst tue. Wir waren uns einig, daß die Einsendung eines Exposès ohne diese vorausgegangene mündliche Information keinen Sinn gehabt hätte, daß sie nun aber immerhin einen ergänzenden Sinn haben könne. Falls Sie eine Folgerung daraus ziehen wollen, hier seine Adresse: Dr. Paul Fechter, Berlin-Lichtenrade, Franjiusweg 48. (Berufung auf meine Vermittlung selbstverständlich!)

In Parenthese: schließen Sie nicht aus meiner Fechterfreundschaft auf eine Gesinnungsgemeinschaft, aber man kann gut mit ihm feind sein! Probatum est! Kurz: einer meiner befreundetsten Feinde! Wir freuen uns, wenn wir zusammen sind und uns in die Haare geraten können. Wohl, weil jeder vom andern *ein* Widerhackelstückchen in sich hat. (Und schließlich kommt es ja neben allem Was auch auf's Wie an... und das kann recht charmant und amüsant bei ihm sein.) —

Daß meine Grüße auch immer Wünsche sind, wissen Sie!

Quod di bene vertant!

Ihr W. W. *)

---
*) Wilhelm Worringer

18. II. 1956

Lieber, wenn wir nicht für Zuckmayer einen Empfang gehabt hätten, wäre ich von Salzburg aus Dich besuchen gefahren, obwohl Du ja schon der Adresse nach ungefähr in Nymphenburg wohnst? Schreib einmal, wie es Dir geht? Im Bechtleverlag kommt jetzt meine „Gesellschaft der Menschenrechte" wieder heraus. In Rom habe ich sehr erfolgreich gelesen und in Salzburg war „3. November 1918" ein großer Erfolg.

Was machen Deine Bücher?

Erika und Dich grüßt vom ganzen Herzen
Euer alter
Franz Theodor C. *)
Gib acht bei der Kälte!

---

*) Csokor

17.November 1956

Lieber Herr Hakel:

    Haben Sie vielen Dank für Ihre guten Wünsche zu meinem 60.Geburtstag und entschuldigen Sie die Verspätung meiner Antwort auf Ihren freundlichen Brief.Ich habe so viele Glückwünsche,anscheinend auf Grund einiger Artikel,die zu diesem Anlass erschienen,erhalten,dass ich noch mit der Erledigung dieser Korrespondenz fertig bin.Ich nehme an,dass sich auch das"Jüdische Echo",wo Sie ja doch ein entscheidendes Wort zu reden haben,einstellen wird.U.a.habemik sogar der Wiener Bürgermeister und Vizebürgermeister Honay gratuliert.

    Meine Reisepläne sind leider wieder sehr in Frage gestellt.Ganz zu schweigen von den tragischen Ereignissen der letzten Zeit,gibt es persönliche und von allem pekuniäre Gründe dafür.Meine 85 jährige Mutter hat sich vor einigen Monaten die rechte Hüfte gebrochen,und die Kosten der Spitalsunterbringung und der Behandlung sind so enorm,(es gibt hier eine sehr rudimentäre Sozialgesetzgebung),dass ich unter der finanziellen Last,obwohl ich sie mit zwei anderen Brüdern teile, fast zusammenbreche.Ich habe mir die kleine schäbige Rente, die ich rückwirkend vom 1.Jänner 1954 in Österreich erhalte, (es hatten ca S 11.000.-angesammelt)hierher transferieren lassen müssen.Wir haben zwar Schiffsplätze reserviert und sogar eine Voranzahlung geleistet,aber ich sehe nicht,wie sich die Tour realisieren lassen sollte.Ich kann mich nicht auf noch grössere Schulden einlassen.Aber vielleicht geschieht bis zum Frühling noch ein Wunder.

    Wie schön,dass Sie endlich eine friedliche Stätte im Triestingtal gefunden haben!Wie gerne würde ich Sie und Ihre Frau dort besuchen!Ich kenne die Gegend,zumal wir im Sommer 1930 in Neuhaus,unfern von Weissenbach an der Triesting, drei Monate in einem Cottage,das uns Anna Freud,-sie hatte es vom Grafen Palffy gemietet-verbrachten.Ich glaube nicht, dass meine Empfehlung bei der Zuerkennung des Stipendiums der Claims Commission so entscheidend war,aber vielleicht hat sie ein wenig geholfen.Wenn das der Fall gewesen sein sollte, freut es mich natürlich ausserordentlich.

    Was meine Beiträge zu Ihrer Bibelanthologie anbelangt, glaube ich Ihnen alles,was in Betracht kommen könnte,geschickt zu haben.Ich schreibe gleichzeitig an meinen Freund Jacob Picard nach New York.Er hat wahrscheinlich einiges Geeignete in seinen Versen und wird es Ihnen einschicken. Haben Sie sich überlegt,ob Sie nicht aus dem Band"Juda"von Börries von Münchhausen etwas auswählen sollten?Er ist zwar in der Nazizeit umgefallen,doch kann ich mir kaum vorstellen, dass er,ein ehemaliger Freund von Theodor Herzl,ein exzessiver Nazi gewesen sein sollte.Wenn mir in diesem Zusammenhang sonst etwas einfällt,werde ich es Sie wissen lassen.

    Ich bin den jungen Leuten,die das"Jüdische Echo"herausgeben äusserst dafür dankbar,dass Sie mir die Zeitschrift regelmässig zugehen lassen.Es gibt immer Dinge darin,die mich interessieren.Können Sie mit etwas Näheres über den Psychologen und Psychiater Viktor Frankl mitteilen? Von seiner Existentialpsycho analyse-oder psychologie halte ich zwar nichts,-das scheint mir ein Gemisch von Psychologie und Theologie zu sein, deren therapeutische Anwendung mir sehr fraglich erscheint,- aber er scheint ein interessanter Kopf(vielleicht Querkopf) zu sein.Sein Deutsch ist,im Gegensatz zur Klarheit Freuds, barock und vom Heideggerschen Kauderwelsch überwuchert;in dieser Beziehung ähnelt er Alfred Adler,dessen Stil allerdings primitiver war.

    Lassen Sie bald von sich hören und seien Sie herzlich gegrüsst von Ihrem

17. November 1956 *)

Lieber Herr Hakel:

Haben Sie vielen Dank für Ihre guten Wünsche zu meinem 60. Geburtstag und entschuldigen Sie die Verspätung meiner Antwort auf Ihren freundlichen Brief. Ich habe so viele Glückwünsche, anscheinend auf Grund einiger Artikel, die zu diesem Anlaß erschienen, erhalten, daß ich noch mit der Erledigung dieser Korrespondenz fertig bin. Ich nehme an, daß sich auch das „Jüdische Echo", wo Sie ja doch ein entscheidendes Wort zu reden haben, einstellen wird. U. a. haben sogar der Wiener Bürgermeister und Vizebürgermeister Honay gratuliert.

Meine Reisepläne sind leider wieder sehr in Frage gestellt. Ganz zu schweigen von den tragischen Ereignissen der letzten Zeit, gibt es persönliche und vor allem pekuniäre Gründe dafür. Meine 85jährige Mutter hat sich vor einigen Monaten die rechte Hüfte gebrochen, und die Kosten der Spitalsunterbringung und der Behandlung sind so enorm (es gibt hier eine sehr rudimentäre Sozialgesetzgebung), daß ich unter der finanziellen Last, obwohl ich sie mit zwei anderen Brüdern zusammen trage, fast zusammenbreche. Ich habe mir die kleine schäbige Rente, die ich rückwirkend vom 1. Jänner 1954 in Österreich erhalte, (es hatten sich ca. S 11.000,— angesammelt) hierher transferieren lassen müssen. Wir haben zwar Schiffsplätze reserviert und sogar eine Voranzahlung geleistet, aber ich sehe nicht, wie sich die Tour realisieren lassen sollte. Ich kann mich nicht auf noch größere Schulden einlassen. Aber vielleicht geschieht bis zum Frühling noch ein Wunder.

Wie schön, daß Sie endlich eine friedliche Stätte im Triestingtal gefunden haben! Wie gerne würde ich Sie und Ihre Frau dort besuchen! Ich kenne die Gegend, zumal wir im Sommer 1930 in Neuhaus, unfern von Weissenbach an der Triesting drei Monate in einem Cottage, das uns Anna Freud, — sie hatte es vom Grafen Palffy gemietet — verbrachten. Ich glaube nicht, daß meine Empfehlung bei der Zuerkennung des Stipendiums der Claims Commission so entscheidend war, aber vielleicht hat sie ein wenig geholfen. Wenn das der Fall gewesen sein sollte, freut es mich natürlich außerordentlich.

Was meine Beiträge zu Ihrer Bibelanthologie anbelangt, glaube ich Ihnen alles, was in Betracht kommen könnte, geschickt zu haben. Ich schreibe gleichzeitig an meinen Freund Jacob Picard nach New York. Er hat wahrscheinlich einiges Geeignete in seinen Versen und wird es Ihnen einschicken. Haben Sie sich überlegt, ob Sie nicht aus dem Band „Juda" von Börries von Münchhausen etwas auswählen sollten? Er ist zwar in der Nazi-Zeit umgefallen, doch kann ich mir kaum vorstellen, daß er, ein ehemaliger Freund von Theodor Herzl, ein exzessiver Nazi gewesen sein sollte. Wenn mir in diesem Zusammenhang etwas einfällt, werde ich es Sie wissen lassen.

Ich bin den jungen Leuten, die das „Jüdische Echo" herausgeben äußerst dankbar, daß sie mir die Zeitschrift regelmäßig zugehen lassen. Es gibt immer Dinge darin, die mich interessieren. Können Sie mir etwas Näheres über den Psychologen und Psychiater Viktor Frankl mitteilen? Von seiner Existentialanalyse- oder psychologie halte ich zwar nichts, — das scheint mir ein Gemisch von Psychologie und Theologie zu sein, deren therapeutische Anwendung mir sehr fraglich erscheint, — aber es scheint ein interessanter Kopf (vielleicht ein Querkopf) zu sein. Sein Deutsch ist, im Gegensatz zur Klarheit Freuds, barock und vom Heideggerschen Kauderwelsch überwuchert; in dieser Beziehung ähnelt er Alfred Adler, dessen Stil allerdings primitiver war.

Lassen Sie bald von sich hören und seien Sie herzlich gegrüßt von Ihrem
Ernst Waldinger

---

*) Saratoga Springs, USA

HANS ERICH NOSSACK   Aystetten ü.Augsburg, d.5.Dez.1956

Lieber Herr Hakel,
Ihr Brief vom 29.Oktober strömte eine so grosse Freudigkeit aus, dass ich Ihnen gleich dafür hätte danken müssen; aber meine Übersiedlung hierher und dazu noch eine dringende Terminarbeit liessen mich nicht zum Briefeschreiben kommen. Komisch, gerade wo ich in die Nähe von München ziehe und Sie dort endlich persönlich kennen zu lernen hoffte, sind Sie mir wieder nach Oesterreich entwichen. Ich beglückwünsche Sie von Herzen zu Ihrem neuen Aufenthaltsort und vor allem dazu, dass Sie in einem Haus 'allein' wohnen können. Da auch wir zum ersten Mal in unserem Leben in dieser Weise 'allein' wohnen, können wir ermessen, was dies für eine Verbesserung bedeutet: nicht abhängig sein zu müssen von dem Lärm und den uns unverständlichen Lebensgewohnheiten des heutigen Durchschnitts-Mieters und selber auch um Mitternacht Klavierspielen oder auf der Schreibmaschine klappern zu dürfen, ohne dass sich jemand beschwert oder ohne dass man sich gehemmt fühlt, weil man andere nicht stören möchte, das ist schon etwas. Vielleicht ist heutzutage sogar der höchste Luxus; die kalte Verproletarisierung der Menschheit durch das Zusammenwohnen völlig wesensfremder Leute ist ein viel zu wenig beachtetes Problem. Aber weshalb sollte es auch beachtet werden? Die Mehrheit will es ja so und empfindet es als normal und uns als verrückt oder asozial.
Wir sind hierher aus rein wirtschaftliche Gründen übergesiedelt. Wir konnten uns in Hamburg finanziell nicht mehr halten, und Augsburg ist es geworden, weil ich hier einen Freund und Mäzen habe, der mir geholfen hat und hilft. Wir leben in einem winzigen Häuschen; die Wohnfläche ist halb so gross wie die in Hamburg, sodass wir viele Möbel verkaufen mussten und nicht einmal in der Lage wären, einen Gast bei uns schlafen zu lassen, eine Möglichkeit, um die ich Sie beneide, denn auf dem Lande ist so etwas eigentlich nötig. Die Beheizung des Häuschens ist umständlich und teuer, aber wir werden es schon schaffen, wenn wir auch inzwischen schon ein paar Mal dem Verzweifeln nahe waren. Aystetten ist ein Dorf, ca.12 km von Augsburg entfernt; rings von Wäldern umgeben, der reinste Luftkurort. Wir liegen auf dem Südhang, und der Blick aus meinem Fenster geht auf ein altes Schloss, das mich ganz unmittelbar an Eichendorf und den 'Taugenichts' erinnert. Besonders wenn der Vollmond darüber aufgeht, staune ich über die Szenerie. Aber machen wir uns nichts vor: für einen reinen Grosstädter, für den Landschaft und frische Luft bislang nur eine Ferienangelegenheit waren, ist diese Übersiedlung ein ganz unübersichtliches Experiment, das erhöhte Selbstzucht bedeutet. Man hat in der Stadt über den 'Betrieb', den nervösen 'Verzehr' und die dauernden zeitraubenden repräsentativen Verpflichtungen geseufzt; man hat vielleicht zahlreiche Bekannte gehabt, aber keinen Freund. Und doch gab es dort eine dünne Schicht, die einen tragen half. Hier nun kennen wir überhaupt keinen Menschen, der unsere Vokabeln spricht und versteht, und des bedeutet: keinerlei Entspannung, Neutralisierung, Anregung und damit erhöhte Gefahr der Introvertiertheit und unter Umständen sogar Sterilisierung. Ich schreibe dies nur, damit Sie sehen, dass ich wachsam bin und mich nicht einfach von dem hübschen Gesicht einer Landschaft bezaubern lasse. Für mich ist dies alles eine Art Exil im Paradies. Aber auch das will erlebt und bestanden sein, und damit gut!
Nochmals Dank für Ihren guten Brief. Möge es bei Ihnen alles so bleiben! Bitte empfehlen Sie mich Ihrer Frau und seien Sie von Herzen gegrüsst von der meinigen und

                            Ihrem

Hans Erich Nossack
Aystetten ü. Augsburg, d. 5. Dez. 1956

Lieber Herr Hakel,

Ihr Brief vom 29. Oktober strömte eine so große Freudigkeit aus, daß ich Ihnen gleich dafür hätte danken müssen; aber meine Übersiedlung hierher und dazu noch eine dringende Terminarbeit ließen mich nicht zum Briefeschreiben kommen. Komisch, gerade wo ich in die Nähe von München ziehe und Sie dort endlich persönlich kennen zu lernen hoffte, sind Sie mir wieder nach Österreich entwichen. Ich beglückwünsche Sie von Herzen zu Ihrem neuen Aufenthaltsort und vor allem dazu, daß Sie in einem Haus „allein" wohnen können. Da auch wir zum ersten Mal in unserem Leben in dieser Weise „allein" wohnen, können wir ermessen, was dies für eine Verbesserung bedeutet: nicht abhängig sein zu müssen von dem Lärm und den uns unverständlichen Lebensgewohnheiten des heutigen Durchschnitts-Mieters und selber auch um Mitternacht Klavierspielen oder auf der Schreibmaschine klappern zu dürfen, ohne daß sich jemand beschwert oder ohne daß man sich gehemmt fühlt, weil man andere nicht stören möchte, das ist schon etwas. Vielleicht ist es, heutzutage sogar der höchste Luxus; die kalte Verproletarisierung der Menschheit durch das Zusammenwohnen völlig wesensfremder Leute ist ein viel zu wenig beachtetes Problem. Aber weshalb sollte es auch beachtet werden? Die Mehrheit will es ja so und empfindet es als normal und uns als verrückt oder asozial.

Wir sind hierher aus rein wirtschaftlichen Gründen übersiedelt. Wir konnten uns in Hamburg finanziell nicht mehr halten, und Augsburg ist es geworden, weil ich hier einen Freund und Mäzen habe, der mir geholfen hat und hilft. Wir leben in einem winzigen Häuschen; die Wohnfläche ist halb so groß wie die in Hamburg, so daß wir viele Möbel verkaufen mußten und nicht einmal in der Lage wären, einen Gast bei uns schlafen zu lassen, eine Möglichkeit, um die ich Sie beneide, denn auf dem Lande ist so etwas eigentlich nötig. Die Beheizung des Häuschens ist umständlich und teuer, aber wir werden es schon schaffen, wenn wir auch inzwischen ein paar Mal dem Verzweifeln nahe waren. Aystetten ist ein Dorf, ca. 12 km von Augsburg entfernt; rings von Wäldern umgeben, der reinste Luftkurort. Wir liegen auf dem Südhang, und der Blick aus meinem Fenster geht auf ein altes Schloß, das ganz unmittelbar an Eichendorf und den „Taugenichts" erinnert. Besonders wenn der Vollmond darüber aufgeht, staune ich über die Szenerie. Aber machen wir uns nichts vor: für einen reinen Großstädter, für den Landschaft und frische Luft bislang nur eine Ferienangelegenheit waren, ist diese Übersiedlung ein ganz unübersichtliches Experiment, das erhöhte Selbstzucht bedeutet. Man hat in der Stadt über den „Betrieb", den nervösen „Verzehr" und die dauernden zeitraubenden repräsentativen Verpflichtungen geseufzt; man hat vielleicht zahlreiche Bekannte gehabt, aber keinen Freund. Und doch gab es dort eine dünne Schicht, die einen tragen half. Hier nun kennen wir überhaupt keinen Menschen, und unsere Vokabeln spricht und versteht, und das bedeutet: keinerlei Entspannung, Neutralisierung, Anregung und damit erhöhte Gefahr der Introvertiertheit und unter Umständen sogar Sterilisierung. Ich schreibe dies nur, damit Sie sehen, daß ich wachsam bin und mich nicht einfach von dem hübschen Gesicht einer Landschaft bezaubern lasse. Für mich ist dies alles eine Art Exil im Paradies. Aber auch das will erlebt und bestanden sein, und damit gut!

Nochmals Dank für Ihren guten Brief. Möge es bei Ihnen alles so bleiben! Bitte empfehlen Sie mich Ihrer Frau und seien Sie von Herzen gegrüßt von der meinigen und
Ihrem
Hans Erich Nossack

ausgebreiteten Werk zum Ausdruck kommen, ähnlich wie die Schichtungen der Gesteine die Erdzeitalter sichtbar machen. Er wird nicht bei der Betrachtung der Form stehen bleiben, sondern sich rätselhaft betroffen fühlen von der Tiefe und Reinheit einer abgründigen Macht, die hier im Sprachkunstwerk unmittelbar Wirklichkeit wird. Brittings Naturlyrik hat einen unverwechselbaren Ton und sie hat mit die Epoche geprägt.

GEORG BRITTING

An die Buchhandlung

EINLADUNG ZUR SUBSKRIPTION

Ich bestelle aus der Nymphenburger Verlagshandlung, München
GEORG BRITTING · GESAMTAUSGABE
in fünf Leinenbänden
____ Exemplare zum Subskriptionspreis von DM 17.– je Band
____ Exemplare Band __ *einzeln* zum Preis von DM 22.– je Band
Zuerst erscheinen Band 1 und 2 im Herbst 1957

Die Bände sollen jeweils nach Erscheinen geliefert werden. Mit dieser Bestellung zum Subskriptionspreis wird die Verpflichtung zur Abnahme der vollständigen Ausgabe eingegangen. Die Subskriptionsfrist schließt mit Erscheinen des letzten Bandes.
Name und Datum:
Genaue Anschrift:

GESAMTAUSGABE IN EINZELBÄNDEN

25. 12. 57

Lieber Hakel,

dank für Ihre Karte. Schönste Wünsche zum Jahreswechsel, u. auf: Wiedersehen im Februar! Natürlich sollen Sie nicht subskribieren, ich hoffe Ihnen die Gesamtausgabe schenken zu können, wenn ich erst übersehe, wieviel Autorenexemplare ich bekommen werde.
Herzlich von Haus zu Haus
Ihr
Britting

Wien, 23. Febr. 60.

Lieber Herr Jakob!

Ihr Brief ging mir nahe, das können Sie sich denken. Ich habe lange nichts von Ihnen gehört, wußte gar nicht, wo Sie sind, auch Ihre Karte aus Rom gaben Sie keine Adresse an. Ich hatte mir gedacht daß Sie mit der biblischen Anthologie Erfolg haben werden, das scheint nun nicht zu sein? Nun, Sie kommen nach Wien, ich freue mich Sie zu sehen. Die Verse, die Sie Ihrem Brief beischließen, sind durchaus schön, ich weiß vor der Eindeutigkeit, die Sie suchen, zu erreichen ist vielleicht was Sie sagen. Ich denke Ihr Müllerfragm.? Sind Sie ganz sicher, daß ich das zu sehen und zu hören weiß. Was Sie von unserem Gespräch im Mai 1934 sagen, rührt mich, haben Sie Dank. Wenn damals Gottes zwischen uns war, so kann ich mir wünschen, es heute wiederum zu können. – Sie sprechen von der Stärke des einmal erfahrenen Wunders des Glaubens. Sie wird Ihnen bleiben! Ich grüße herzlich, und nun auf bald!

R. S.

Wien, 23. Febr. 60

Lieber Herr Hakel!

Ihr Brief geht mir nahe, das können Sie sich denken. Ich hatte lange nichts von Ihnen gehört, wußte gar nicht, wo Sie sind, auf Ihrer Karte aus Rom geben Sie keine Adresse an. Ich hatte sehr gehofft, daß Sie mit der biblischen Anthologie Erfolg haben werden, das scheint nun nicht zu sein? Nun, Sie kommen nach Wien, ich freue mich Sie zu sehen. Die Verse, die Sie Ihrem Brief beischließen, sind durchaus schön, ich weiß um die Einfachheit, die Sie suchen, sie erweisen es vollauf, was Sie sagen: daß Deutsch Ihre Muttersprache ist. Seien Sie ganz sicher, daß ich das zu sehen und zu ehren weiß. Was Sie von unserem Gespräch im Mai 1934 sagen, rührt mich, haben Sie Dank. Wenn damals Gutes zwischen uns war, so kann ich nur wünschen, es heute erneuern zu können. Sie schreiben von der Stärke des einmal erfahrenen Wunders des Glaubens. Sie wird Ihnen bleiben!

Ich grüße herzlich, und nun auf bald!

Ihr

Max Mell

ERNST JÜNGER (14b) Wilflingen über Riedlingen 26. 2. 1960.

Lieber Herr Hakel,

Meinen besten Dank für Ihre Zeilen vom 22. Februar und die Anlagen. Seit langem hatte ich nichts von Ihnen gehört. Sie fahren, wie ich beim Überlesen Ihres Briefes sehe, nach Wien. Ich hatte den meinen nämlich begonnen in der Absicht, Ihnen die Adresse meines Freundes Henry Furst zu nennen, der sich mit Übersetzungen und anderen literarischen Geschäften abgibt und Ihnen vielleicht behülflich hätte sein können.
Ihre Träume sind gut. Jeder träumt, aber es ist merkwürdig, daß es nur so wenige gibt, die Träume erzählen können. In dem Stück "Zwei Maler" hatte ich erwartet, Sie würden hinter die Staffelei des Gegenübers treten und sehen, daß der Maler selbst sich im Wege stand.
Zusammen mit Mircea Eliade gebe ich im Verlage von Ernst Klett, Stuttgart, eine Zeitschrift "Antaios" heraus. Sie beschäftigt sich mit Studien mythischer und symbolischer Zusammenhänge aus den verschiedensten Gebieten. Vielleicht ließe sich auch eine Reihe von kurzen Träumen einfügen. Am besten sind meist die handbreiten.
Ihre Odyssee war mir bereits in Bruchstücken bekannt. Ein Wiener Bekannter muß mir einmal von Ihnen erzählt haben. Das alles verwirrt sich ein wenig und verschmilzt an den Rändern, wenn man viele Meschen kennt. "Gärten und Straßen" war auch das Lieblingsbuch des französischen Schriftstllers Léautaud. Er erzählte mir davon, als wir uns während des Krieges in Paris begegneten; er war schon über achtzig Jahre alt. Ich erwähne es, weil er meinen Namen nicht kannte, und auch aus einem anderen Grunde : weil er selbst Sie als Tagebuchführer noch übertraf. Einiges ist in den letzten Jahren, nach seinem Tode, veröffentlicht worden, als Privatdruck, weil es krasse erotische Schilderungen enthält. Auch Valéry hinterließ ein enormes Tagebuch, tausende und abertausende von Seiten; sein Sohn berichtete mir davon. Vielleicht würde es sich für Sie lohnen, einen Band von knapp dreihundert Seiten aus Ihren dreißig Bänden herauszudestillieren. Ich führe nur ab und zu Tagebuch, ähnlich wie ich Perioden habe, in denen ich dem Tabak anheimfalle.
Nun gut, lassen Sie wieder von sich hören. Ich bin zufrieden, nur meine Frau ist ziemlich krank. Ganz ohne Wolken geht es kaum. Jährlich einmal, meist im September, bin ich in Sardinien. Dort fühle ich mich wohl, ein wenig steinzeitlich.

Mit guten Wünschen Ihr

Ernst Jünger
Wilflingen über Riedlingen, 26. 2. 1960

Lieber Herr Hakel,
Meinen besten Dank für Ihre Zeilen vom 22. Februar und die Anlagen. Seit langem hatte ich nichts mehr von Ihnen gehört. Sie fahren, wie ich beim Überlesen Ihres Briefes sehe, nach Wien. Ich hatte den meinen nämlich begonnen in der Absicht, Ihnen die Adresse meines Freundes Henry Furst zu nennen, der sich mit Übersetzungen und anderen literarischen Geschäften abgibt und Ihnen vielleicht behilflich hätte sein können.
Ihre Träume sind gut. Jeder träumt, aber es ist merkwürdig, daß es nur so wenige gibt, die Träume erzählen können. In dem Stück „Zwei Maler" hatte ich erwartet, Sie würden hinter die Staffelei des Gegenübers treten und sehen, daß der Maler selbst sich im Wege stand.
Zusammen mit Mircea Eliade gebe ich im Verlage von Ernst Klett, Stuttgart, eine Zeitschrift „Antaios" heraus. Sie beschäftigt sich mit Studien mythischer und symbolischer Zusammenhänge aus den verschiedensten Gebieten. Vielleicht ließe sich auch eine Reihe von kurzen Träumen einfügen. Am besten sind meist die handbreiten.
Ihre Odyssee war mir bereits in Bruchstücken bekannt. Ein Wiener Bekannter muß mir einmal von Ihnen erzählt haben. Das alles verwirrt sich ein wenig und verschmilzt an den Rändern, wenn man viele Menschen kennt. „Gärten und Straßen" war auch das Lieblingsbuch des französischen Schriftstellers Léautaud. Er erzählte mir davon, als wir uns während des Krieges in Paris begegneten; er war schon über achtzig Jahre alt. Ich erwähne es, weil er meinen Namen nicht kannte, und auch aus einem anderen Grunde: weil er selbst Sie als Tagebuchführer noch übertraf. Einiges ist in den letzten Jahren, nach seinem Tode, veröffentlicht worden, als Privatdruck, weil es krasse erotische Schilderungen enthält. Auch Valéry hinterließ ein enormes Tagebuch, tausende und abertausende von Seiten; sein Sohn berichtete mir davon. Vielleicht würde es sich für Sie lohnen, einen Band von knapp dreihundert Seiten aus Ihren dreißig Bänden herauszudestillieren. Ich führe nur ab und zu Tagebuch, ähnlich wie ich Perioden habe, in denen ich dem Tabak anheimfalle.
Nun gut, lassen Sie wieder von sich hören. Ich bin zufrieden, nur meine Frau ist ziemlich krank. Ganz ohne Wolken geht es kaum. Jährlich einmal, meist im September, bin ich in Sardinien. Dort fühle ich mich wohl, ein wenig steinzeitlich.
Mit guten Wünschen Ihr
Ernst Jünger

A. P. GÜTERSLOH

31. März 64

Sehr verehrter Herr Hakel,

Leider habe ich mich heute geirrt!
Es ist nicht der 1. April, sondern der 31. März.
Sehr ist mir Ihr Unglücksschlägen nicht gekommen. Nun
muss ich einen morgen sie erwarten. Von uns
aus kommen um 9 Uhr ist keine Rede, bestensfalls
um ½ elf Uhr. Ich werde Ihr Herzeges Leiden,
was in heutigen Irrtum und so ein morgiges
schönes Gehstanden – können sie selber entscheiden
woran können – interesse zu unterbrechen. Hoffentlich wird Aßger nicht den Weg an Herrn Antoine Tiesen
beten [unklar] ½ zu geben. Sollten sie mich nicht
vor einen können, dann schlage ich vor, offenen
Montag (den April, 9 Uhr) zu [unklar] unseren Beisammen-
kunft usw. Nochmals ihm Zugangsweg deshalb bin
ich Ihr schon wie halt ergebenen

Gütersloh

A. P. Gütersloh

31. März 64

Sehr verehrter Herr Hakel,
Leider habe ich mich heute geirrt! Es ist nicht der 1. April, sondern der 31. März. Daher ist der Geldbriefträger nicht gekommen. Nun muß ich wieder morgen ihn erwarten. Vom ins Café kommen um 9 Uhr ist keine Rede, spätestens um elf Uhr. Ich darf Sie herzlichst bitten, meinen heutigen Irrtum und mein morgiges spätes Erscheinen — sofern Sie wieder warten wollen oder können — vielmals zu entschuldigen. Hoffentlich wird dieses Schreiben durch den Herrn Anton Ihnen, lieber Hakel, übergeben. Sollten Sie mich nicht erwarten können, dann schlage ich den nächsten Freitag (3ten April, 9 Uhr) zu unserer Zusammenkunft vor. Nochmals um Verzeihung bittend bin ich Ihr Ihnen wie stets ergebener
Gütersloh

BIOGRAPHISCHE UND BIBLIOGRAPHISCHE ZEITTAFEL

1911	12. August: Hermann Hakel in Wien 2., Blumauergasse 15 (in der Wohnung der mütterlichen Eltern) geboren. Vater: Benjamin Hakel, geb. 1886 in Czernowitz, Malermeister. Mutter: Charlotte, geborene Springer, geb. 1887 in Wien. Elterliche Wohnung (seit 1910): Wien 2., Novaragasse 44.
1914	Hüftgelenksentzündung. 28. Oktober: Bruder Arnold geboren.
1915	Augendiphtherie. Operation im Kinderspital Lainz durch Hofarzt Prof. Topolansky. Linkes Auge bleibt praktisch blind.
1916	Sturz von einem Baum während eines Aufenthaltes in einem jüdischen Kinderheim. Eiterungen und Verkürzung des linken Beines als Folge schlechter ärztlicher Behandlung.
1917—19	Heilversuche und Aufenthalte in Bad Hall und im Kloster Kremsmünster. Geschenk des Vaters: Sammelband „Deutsche Dichtung".
1920/21	Besuch der allgemeinen Volksschule in Wien 2., Blumauergasse 21.
1922	12. März: Schwester Irene geboren. Besuch der deutschen Mittelschule (Staatsrealschule) in Wien 2., Vereinsgasse 21. Erstes Burgtheatererlebnis: „Der Bauer als Millionär" von F. Raimund (mit Else Wohlgemut als Jugend). Auffinden einer alten Luther-Bibel; sie wird Begleiterin bis zum Tod.
1924	Geschenke zur Bar Mizwa *): „Göttliche Komödie" von Dante und „Der grüne Heinrich" von Keller.

---

*) Feierlichkeit im Tempel: Eintritt des männlichen Juden in die religiöse Mündigkeit.

1926	Besuch der zweiklassigen Handelsschule für Knaben (an der Handelsakademie der Wiener Kaufmannschaft) in Wien 3., Uchatiusgasse 9. Verfasser kurzer Stücke für eine Hernalser Stegreifbühne (Pawlatsche). Benefiz: „Faust"-Spektakel auf Wienerisch.
1927	Bevorzugte Lektüre: Nietzsche, Stendhal, Stifter, Baudelaire.
1928/29	Besuch der Bundesrealschule in Wien 2., Vereinsgasse 21. Reise nach Berlin (zu Onkel Theodor Springer).
1930	Besuch der Kunstgewerbeschule in Wien 1., Stubenring 5 (Zeichnen und Malen). Bevorzugte Lektüre: 20 Bände Brockhaus.
1931	Beginn des bis 1986 mit wenigen Unterbrechungen geführten Tagebuches. Reise nach Czernowitz und Sereth am Pruth (Rumänien) zu väterlichen Verwandten. Kennenlernen des Jiddischen und Chassidischen.
1932	Korrespondenz mit Prof. Wilhelm Worringer (Kunsthistoriker in Königsberg) und Anton Kippenberg (Insel-Verlag).
1933	Korrespondenz mit Felix Braun (Palermo). Fußwanderung durch Österreich nach Italien (Bozen, Triest, Mailand, Florenz). Besuch bei Stefan Zweig in Salzburg. Begegnung mit Peter Hammerschlag.
1934	Beginn der Bekanntschaft mit Max Mell. Beitritt zum Bund junger österreichischer Autoren (im Café Dobner beim Wiener Naschmarkt).
1935	Herausgabe der Anthologie „Jahrbuch 1935" (mit Autoren des Bundes) im Verlag „Das Werk" (Hans Beer, Wien 10., Quellenstraße 24b). Begegnungen mit P. v. Preradovic, E. Lissauer, H. Mayer (Améry), T. Sapper. Vorlesungen im Palais Esterhazy (E. Mitterer). Besuch der Volkshochschule Zirkusgasse in Wien-Leopoldstadt (Ernst Schönwiese stellt vor: Musil, Ehrenstein, Canetti, Szabo, Weinheber).

Bevorzugte Lektüre (bis zum Tode): Montaigne, Pascal, Kafka.

1936   Beginn der Herausgabe der Reihe „Neue Dichtung" für den Anzengruber-Verlag (Brüder Suschitzky in Wien/Leipzig). Ständiges Lektorat.
Band Nr. 4 dieser Reihe: Erstes eigenes Buch — „Ein Kunstkalender in Gedichten".
Wanderung nach Paris (über Basel, Kolmar, Straßburg, Reims).
Teilnahme an Literatenstammtischen im Café Dobner und Zentral.

1938   Band Nr. 8/9 der genannten Reihe: „Stimmen der Zeit" (5 Lyriker: Friedrich Bergammer, Fritz Brainin, Rudolf Felmayer, Johann Gunert, Hermann Hakel). Abbruch des Druckes bzw. Vertriebes im März.
Ende der Stammtische.
Emigration des Bruders nach Argentinien.

1939   24. Juni: Emigration nach Italien (über Fiume, Triest, Venedig nach Mailand). Mitnahme der bereits genannten Bücher sowie Goethe, Hölderlin, George, Loerke. Korrespondenz mit R. Felmayer, J. Gunert, W. Lindenbaum.

1940   Internierung als Zivil-Kriegsgefangener in Olivetto (bei Arezzo).
Emigration der Eltern und der Schwester nach Palästina.

1941/42   Internierung in Alberobello (bei Bari) und Eboli/Campagna (bei Salerno).
Korrespondenz mit H. Hesse, R. Borchardt.
Geschenk des Roten Kreuzes: Werke Grillparzers.
Begegnung mit dem russischen Autor Nicolaus Ozupe.
Vorlesungen und Veranstaltungen (Laienspiele, Kabarett) im Lager mit den dortigen Insassen.

1943   Internierungen in Albergo (bei Potenza) und Ferramonti (bei Cosenza).
Als „internato libero" in Rotonda bis zur Befreiung durch die alliierten Truppen.

1944   Referent im Palästina-Amt in Bari.
Begegnung mit F. T. Csokor und A. Sacher-Masoch.

	Mit einem Herzanfall in Spitalsbehandlung.
1945	März: Überfahrt nach Palästina zur Familie in Tel-Aviv. Begegnung mit Ludwig Strauß.
1947	August: Reise nach Rom. November: Rückkehr nach Wien. Publikation zweier Gedichtbände: „Und Bild wird Wort" (Verlag C. Schmeidel, Wien), „An Bord der Erde" (Verlag Erwin Müller, Wien) in der Reihe „Stimme aus Österreich" (hrsg. von Leopold Liegler).
1948	Vorstandsmitglied und Lektor im österr. P.E.N.-Club (unter dem Präsidenten F. T. Csokor). Zur Förderung junger Autoren: Gründung der Aktion „Der P.E.N.-Club stellt vor...". Beginn der Herausgabe der Literaturzeitschrift „Lynkeus" (Dichtung/Kunst/Kritik) mit Erstabdrucken von Ingeborg Bachmann, Marlen Haushofer, Hertha Kräftner, Gerhard Fritsch. Begegnungen mit F. Kießling, C. Busta, F. Mayröcker, W. Toman, R. Federmann, H. H. Hahnl.
1949	31. Oktober: Verehelichung mit Erika Danneberg. Publikation des Prosabandes „Zwischenstation" — 50 Geschichten (Verlag Willy Verkauf, Wien).
1950	Publikation des Gedichtbandes „1938—1945 / Ein Totentanz" (Verlag Willy Verkauf, Wien). Beginn der Bekanntschaft mit Ernst Jünger. Tod des Vaters (in Israel).
1951	Einstellung der Herausgabe der Zeitschrift „Lynkeus" (mit Nr. 8). Korrespondenz und Gespräche mit E. Bloch, A. P. Gütersloh, H. Doderer, A. Lernet-Holenia, C. Zuckmayer. Beginn der Freundschaft mit Berthold Viertel und häufige Burgtheaterbesuche seiner Inszenierungen.
1952	Aufführung des Hörspiels „Zwischen Nacht und Nacht" im Wiener Sender „Rot-Weiß-Rot". Redaktionelle Mitarbeit bei der Zeitschrift „Neue Wege" (Theater der Jugend) mit den Autoren F. Polakovics, G. Amanshauser, B. A. Egger, W. Buchebner, E. Gerstl, R. Kovacevic.
1953	Herausgabe der Sammlung „Wien von A—Z" (Wiener Verlag).

Mitherausgeber der Halbmonatsschrift für Kultur und Politik „Die Schau".
(bis 1964 mit Unterbrechungen): Dozent an den Volkshochschulen in Wien und München (Autorenstudio: „Was und wie schreibt man" / Literaturkurs: „Was und wie liest man").
(bis 1957): Kulturredakteur der Zeitschrift „Jüdisches Echo".
(bis 1969): Kulturredakteur der Zeitschrift „Neue Welt".

1954 Beginn von Vortragsreisen nach München, Freiburg, Stuttgart.

1955 Begegnung und Gespräch mit Thomas Mann.
Publikation des Gedichtbandes „Hier und dort" mit Federzeichnungen von Anton Lehmden (Verlag Kurt Desch, München).
Mitverantwortlich für die in dieser Reihe („Neue Lyrik aus Österreich") herausgegebenen Gedichtbände von Friedrich Bergammer („Von Mensch zu Mensch"), Walter Toman („Distelvolk") und Franz Kießling („Seht wie ihr lebt").
Beim P.E.N.-Kongreß in Wien und bei der Schriftstellertagung in Igels Begegnung mit L. v. Ficker, H. Kasack, W. Höllerer, W. Jens.

1956 Wechselnde Wohnsitze in München, Wien, Baden b. Wien und Hirtenberg b. Wien.
Begegnungen beim Stammtisch und im deutschen P.E.N.-Club in München mit G. v. d. Vring, G. Britting, E. Kästner, A. Kolb.
Besuche (Salon) bei der Tänzerin Grete Wiesenthal.

1957 Herausgabe der Sammlung jüdischer Witze „Von Rothschild, Schnorrern und anderen Leuten" in der Reihe „Die Seemännchen", Band Nr. 22 (Verlagsanstalt Hermann Klemm: Erich Seemann, Freiburg im Breisgau).

1958 Wohnsitz in Unter-Lanzendorf b. Wien.
Herausgabe der Sammlung „Die Bibel im deutschen Gedicht des 20. Jahrhunderts" in der Sammlung Klosterberg (Verlag Benno Schwabe & Co, Basel).
25. November: Scheidung der Ehe mit Erika Danneberg.

1959/60 Cheflektor des Sefer-Verlages (Wien) und mitbestimmend bei der Herausgabe von 3 Büchern:
"Das Hohe Lied in deutschen Liebesliedern" mit Zeichnungen von Anton Lehmden.
"Mein Kollege der Affe" — ein Kabarett mit Fritz Grünbaum, Peter Hammerschlag, Erich Mühsam, Fritz Kalmar, Anton Kuh und Mynona.
"Koscheres Ambrosia" — ein Kochbuch.
Reisen und längere Aufenthalte in Rom (R. Hocke, M. Enzesberger), Jerusalem (W. Kraft, A. Suzkewer), Teheran, Athen und auf Cypern und Patmos.

1961 Beginn der Herausgabe von Sammlungen für den Forum Verlag (Wien):
"Wienärrische Welt" — Witz, Satire, Parodie einst und jetzt.
"Dur und Mollert" — Wienerinnen Anno dazumal.

1962 "Wigl Wogl" — Kabarett und Varieté in Wien.
"Die Welt steht auf kein' Fall mehr lang" — Couplets und Monologe von Johann Nestroy.
Bezug eines festen Wohnsitzes in Wien 10., Eisenstadtplatz 4.

1963 "Richard der Einzige" — Satire, Parodie, Karikatur zu Richard Wagner.
"Von Goethe abwärts" — Aphorismen, Essays, Kleine Prosa von Anton Kuh.

1964 "Briefe eines Eipeldauers" von Josef Richter.
"Malerei des phantastischen Realismus — die Wiener Schule": Erich Brauer, Ernst Fuchs, Rudolf Hausner, Wolfgang Hutter, Anton Lehmden.
Vortragsreise nach London und Besuch bei Elias Canetti.

1965 Teilnahme am P.E.N.-Kongreß in Bled.

1967 Herausgabe von Sammlungen:
"Hereinspaziert ins alte Wien" — Heiter-Satirisches aus der Donaumonarchie von Daniel Spitzer (Horst Erdmann Verlag, Herrenalb/Schwarzwald).
"Jiddische Geschichten aus aller Welt" (Horst Erdmann Verlag für Internationalen Kulturaustausch, Tübingen u. Basel) 1971 nochmals unter dem Titel "Der

	Mann, der den jüngsten Tag verschlief" erschienen (Deutscher Taschenbuch Verlag GmbH & Co KG, München).
1968	Herausgabe der Sammlung „Die Bibel in deutschen Gedichten" (Kindler Verlag GmbH, München).
1970	Herausgabe der Anekdotensammlung „Wenn der Rebbe lacht" (Kindler Verlag GmbH, München).
1971	Herausgabe der Sammlung „Der Jüdische Witz" (Schuler Verlagsges. mbH, München).
1972	Herausgabe der Sammlung „Die alte Hagada und andere israelische Erzählungen" (Horst Erdmann Verlag für Internationalen Kulturaustausch, Tübingen u. Basel).
1973	Bei den Salzburger Festspielen: Gespräche mit H. Qualtinger.
1975	Herausgabe der „Streitschrift gegen alle" — Vom „Eipeldauer" zum „Götz von Berlichingen", 150 Jahre Wiener Witzblätter mit Texten und Karikaturen aus dem „Götz" von 1919 bis 1934, in der Reihe „Wiener Themen" (Jugend und Volk, Verlagsges. mbH, Wien). Gleichnamige zehnteilige Sendereihe im Rundfunk (Studio Wien).
1977/78	Längerer Aufenthalt in Israel. Tod der Mutter (in Tel-Aviv).
1979	Wiederaufnahme der Herausgabe der Literaturzeitschrift „Lynkeus" (mit Nr. 9).
1980	Ehrenmedaille der Stadt Wien in Silber. Krankheitsbedingter Wohnortwechsel nach Wien 1., Babenbergerstraße 1.
1981	Herausgabe des Sonderheftes 1 der Zeitschrift „Lynkeus" zum 70. Geburtstag mit Gedichten, Kleiner Prosa und Tagebuchaufzeichnungen.
1985	Kurzer Spitalsaufenthalt.
1986	Herausgabe des Sonderheftes 2 der Zeitschrift „Lynkeus" zum 75. Geburtstag: Wirkliches, Geträumtes, Zeitgedichte (1931—1986). Dezember: Einstellung der Herausgabe der Zeitschrift „Lynkeus" (mit Nr. 38).

1987	24. Dezember: Hermann Hakel gestorben.
	29. Dezember: Begräbnis am Jüdischen Wiener Zentralfriedhof (4. Tor). Beisetzung im Grabe der mütterlichen Eltern Moritz (Moses) und Rosa (Ruchel) Springer in Gruppe 3, Reihe 15, Grab Nr. 25).
1988	Oktober: Tod des Bruders (in Buenos Aires).

INHALT

Vorwort	7
Hermann Hakel	8
Emmerich Kolovic	14
Leo Glueckselig	20
Herbert Selkowitsch	24
Alfred Frisch	28
Fotos (a. d. Jahren zw. 1935 u. 1946)	33
Alexander Sacher-Masoch	38
Friedrich Heer	42
Gerhard Amanshauser	46
Martin Kessel	66
Fotos (a. d. Jahren zw. 1948 u. 1965)	69
Andreas Okopenko	74
Heinrich Leopold	80
Richard Kovacevic	84
Johann Gunert	96
Hermann Schreiber	100
Fotos (a. d. Jahren zw. 1979 u. 1981)	105
Hans Heinz Hahnl	110
Hans Raimund	116
Wilmont Haacke	136
Fotos (a. d. Jahren zw. 1982 u. 1985)	141
Rudolf Schönwald (Zeichnung)	144
Friedrich Danielis	146
Ulrich Walberer	150
Judith Por-Kalbeck	154
Thomas Schaefer	158
Rainer Brandenburg	164
Dagmar Lorenz	170
Martin Amanshauser	176
Evelyn Adunka	180
Briefe u. Karten an Hermann Hakel	189
Biographische u. bibliographische Zeittafel	206

LYNKEUS-HEFTE Nr. 1—38

Nr. 1	(36 Seiten)	Winter	1948/49
Nr. 2	(32 Seiten)	Frühjahr	1949
Nr. 3	(32 Seiten)	Herbst	1949
Nr. 4	(32 Seiten)	Winter	1949/50
Nr. 5/6	(48 Seiten)	Frühjahr	1950
Nr. 7	(28 Seiten, A 4 hektogr.)	Herbst	1950
Nr. 8	(20 Seiten, A 4 hektogr.)	Winter	1950/51
Nr. 9/10	(64 Seiten)	Nov./Dez.	1979
Nr. 11/12	(64 Seiten)	März—Aug.	1980
Nr. 13	(48 Seiten)	Sept.—Nov.	1980
Nr. 14/15	(64 Seiten)	Jänner	1981
Nr. 16/17	(64 Seiten)	Mai/Juni	1981
Sonderheft 1	(64 Seiten)	August	1981
Nr. 18	(48 Seiten)	Oktober	1981
Nr. 19	(48 Seiten)	Februar	1982
Nr. 20	(48 Seiten)	Mai	1982
Nr. 21/22	(64 Seiten)	Nov./Dez.	1982
Nr. 23/24	(64 Seiten)	April/Mai	1983
Nr. 25	(48 Seiten)	September	1983
Nr. 26	(48 Seiten)	Dezember	1983
Nr. 27	(48 Seiten)	April	1984
Nr. 28/29	(64 Seiten)	Sept./Okt.	1984
Nr. 30	(48 Seiten)	Dezember	1984
Nr. 31/32	(64 Seiten)	April/Mai	1985
Nr. 33	(48 Seiten)	September	1985
Nr. 34	(48 Seiten)	Dezember	1985
Nr. 35/36	(64 Seiten)	März/April	1986
Sonderheft 2	(64 Seiten)	August	1986
Nr. 37/38	(64 Seiten)	Nov./Dez.	1986
Gesamtverz.	(32 Seiten)	April	1987

Preise:

Hefte Nr. 1—8 als Ablichtungen (Fotokopien)
pro Seite (A 4):   öS   1,—   DM 0,15 $ 0,10

Hefte Nr. 9—38
Einzelnummer: öS 20,—   DM 2,80 $ 1,50
Doppelnummer: öS 30,—   DM 4,30 $ 2,30
Komplett (22 Hefte): öS 480,—   DM 70,— $ 37,—

Bestellungen:
Verlag LYNKEUS, c/o Dr. E. Floch
A-1010 Wien, Babenbergerstraße 1/16
Tel. (0222) 22 47 435 oder 23 35 85 / 239

ISBN 3-900-924-00-7